LITURGIA VIRALE

Il liturgista risponde

ENRICO FINOTTI

LITURGIA VIRALE

Il liturgista risponde

CHORABOOKS

HONG KONG 2024

Immagine di copertina di Aurelio Porfiri. Tutti i diritti riservati.

INDICE

INTRODUZIONE
Aurelio Porfiri

Deve essere stata una visione interessante, quella piccola pietra triangolare di calcare scoperta nella primavera del 1919 a Timgad, in Algeria. Su questa pietra c'era un'iscrizione che possiamo datare fra il quarto e il quinto secolo dell'era cristiana: *Sub[veni], Criste, tu solus medicus, sanctis et penitentibus ma[t]re(m) manib[us] et pedibus de[fendentibus]*. Questa iscrizione viene così resa: "Vieni in nostro aiuto, o Cristo, unico dottore, vieni in aiuto dei santi e dei penitenti, che difendono con ogni mezzo la loro madre Chiesa" (vedi Paul Monceaux, Une invocation au "Christus medicus" sur une pierre de Timgad. In: *Comptes rendus des séances de l'Académie des Inscriptions et Belles-Lettres*, 64- année, N. 2, 1920. pp. 75-83).

Già per i primi cristiani era chiara questa idea del Cristo come medico, non solo delle anime, ma anche dei corpi. Paul Monceaux, nell'articolo che abbiamo citato sopra, nota come questo tema del *Christus medicus* sia presente in modo copioso nella predicazione di Sant'Agostino. Nel suo Discorso 175 leggiamo:

"Di ciò che è stato letto ora dal santo Vangelo, ne parla anche l'apostolo Paolo. Sono queste le parole di lui: E' parola sicura e degna d'essere da tutti accolta: Cristo Gesù è venuto nel mondo per salvare i peccatori, dei quali il primo sono io. *La causa della venuta di Cristo Signore altra non è che quella di salvare i peccatori. Elimina le malattie, elimina le ferite e non c'è motivo di rimedio. Se è venuto dal cielo il grande Medico, per quanto è esteso il mondo giaceva un grande ammalato. L'ammalato è il genere umano. Ma non di tutti è la fede. Il Signore conosce i suoi. I Giudei erano superbi, si esaltavano, ambivano cose alte, si ritenevano giusti e per di più accusavano il Signore che accoglieva i peccatori. Quanti dunque erano superbi e ambivano a cose alte furono lasciati sui monti; fanno parte delle novantanove pecore. Che sta a significare: " Furono lasciati sui monti "? Furono lasciati nel timore terreno. Che vuol dire: " Fanno parte delle novantanove pecore "? Sono alla sinistra, non alla destra. Alla sinistra se ne contano infatti novantanove; aggiungi: Uno, si passa a destra. E' venuto infatti - come egli stesso dice in un altro passo - il Figlio dell'uomo; è venuto infatti a cercare e a salvare ciò che era perduto. Si era davvero perduto l'intero genere umano; di esso peccò un solo uomo nel quale era il tutto, e il tutto si perdette. Ma è venuto uno solo senza peccato a salvare*

1

dal peccato. Costoro, invece, per la loro superbia e, quel che è peggio, si trovavano infermi e si ritenevano sani".

Ovviamente nel pensiero agostiniano, viene data grande importanza al Gesù come medico delle anime, ma viene detto espressamente come Lui anche elimini malattie e ferite.

In effetti in questo discorso di Sant'Agostino è forte la polemica contro coloro che non gli hanno creduto, come vediamo in questo passaggio successivo a quello già letto:

"Sono ammalati in modo assai grave quelli che delirano a causa delle febbri. Quelli ridono e i sani piangono. Ride infatti chi è in preda al delirio, ma non è sano. Ma ancora: chi è di mente sana, compiange il pazzo che ride. Anzitutto, se presenti queste due questioni: Che è meglio, ridere o piangere? Chi è che non scelga per sé di ridere? Infine, a motivo del dolore salutare della penitenza, il Signore ha posto nel pianto il dolore, nel riso la ricompensa. Come? Quando afferma nel Vangelo: Beati coloro che piangono, perché rideranno. Quindi nel pianto è il dolore, nel riso è il premio della sapienza. Ha messo il riso al posto della gioia, non trattandosi di un ridere sguaiato, ma di esultanza. Pertanto se presenti queste due cose e chiedi quale sia la migliore di esse, ridere o piangere, ogni uomo non vuole piangere e vuole ridere. Ancora: se confronti persone e persone, che cosa è meglio: che rida il demente o che pianga il sano? L'uomo sceglie per sé la sanità con il pianto, piuttosto che il riso con la demenza. Ha tanto valore la sanità mentale da preferirsi anche unita al pianto. Così, costoro che si ritenevano sani, avevano un'infermità molto più grave e disperata; ed a causa della stessa infermità, per la quale erano fuori di sé, percuotevano anche il Medico. E' dir poco " percuotevano ": dirò tutto; non solo percuotevano, ma uccidevano addirittura. Eppure egli anche quando era messo a morte era medico, veniva percosso e curava; soffriva il folle, né abbandonava l'infermo; veniva afferrato, legato, schiaffeggiato, era colpito con la canna, lo si derideva ed insultava. Infine veniva giudicato, era condannato, sospeso alla croce e tutt'intorno si gridava contro di lui; ed era il Medico".

Guardate come Sant'Agostino usi questa metafora del medico come sommamente rappresentativa dell'agire di Cristo. Più avanti, in conclusione del suo discorso, Agostino ci dice:

"Se da un così eccellente Medico è stato guarito un malato senza speranza, perché io non applicherò quelle mani alle mie ferite? Non mi affretterò ad accostarmi a quelle mani? Appunto perché gli uomini dicessero questo, Saulo da persecutore venne

fatto apostolo. Perché il medico dove si reca ricerca qualcuno incurabile, risana anche questo; e se lo trova in estrema povertà, ma lo trova in condizioni disperate, in tal caso non chiede ricompensa, ma fa valere l'arte. Dunque parlerò di ciò che avevo iniziato a dire. Pertanto, come Saulo dimostrava gratitudine del fatto di essere stato scelto e risanato da Cristo perché era peccatore e non disse: Resterò nel peccato, perché Cristo è venuto per me, non per un giusto, così anche tu, che avevi ascoltato che Cristo è venuto per i peccatori, non startene a dormire in comodo letto, ma ascolta appunto Paolo che dice: Svègliati, tu che dormi, e dèstati dai morti, e Cristo ti illuminerà".

Del resto, questo pensiero lo troviamo ben espresso dal grande maestro di sant'Agostino, sant'Ambrogio, che dice:

"Cristo è tutto per noi: se vuoi curare una ferita, egli è medico; se sei riarso dalla febbre, è fontana; se sei oppresso dall'iniquità, è giustizia; se hai bisogno di aiuto, è forza; se temi la morte, è vita; se desideri il cielo, è via; se fuggi le tenebre, è luce; se cerchi cibo, è alimento".

Su questo testo, su richiesta di Paolo VI, il maestro e cardinale Domenico Bartolucci ha scritto un bellissimo mottetto per soprano solista e coro a voci miste.

Insomma, questo tema che sembra molto vivo nella patristica, oggi nel nostro cattolicesimo sembra quasi abbandonato. Come abbiamo detto in precedenza, sembra come se la medicina venga oramai vista come una sorta di religione alternativa, piuttosto che di una disciplina che va inquadrata in un più alto disegno spirituale. San Giuseppe Moscati (1880-1927), che era in medico, chiama Gesù "Primo Medico". Lo stesso Moscati però anche avvertiva:

"Non la scienza, ma la carità ha trasformato il mondo, in alcuni periodi; e solo pochissimi uomini son passati alla storia per la scienza; ma tutti potranno rimanere imperituri, simbolo dell'eternità della vita, in cui la morte non è che una tappa, una metamorfosi per un più alto ascenso, se si dedicheranno al bene".

Certo, sarà molto difficile trovare oggi medici che esprimono tali intendimenti. Lo stesso Moscati anche diceva:

"E poi noi altri medici che cosa possiamo? Ben poco! E perciò, non potendo soccorrere il corpo, soccorriamo l'anima, e di fronte ai casi disgraziati, ricordiamo i doveri dello spirito che ci provengono dalla fede dei nostri padri!".

Sarebbe bello se tutti i medici si rendessero conto che stanno soccorrendo un corpo con un'anima. Forse una frase di un'altra santa, madre Teresa di Calcutta, potrebbe far riflettere tanti medici:

"Non dimenticherò mai il giorno in cui, camminando per una strada di Londra, vidi un uomo seduto, che sembrava terribilmente solo. Andai verso di lui, gli presi la mano e la strinsi. Lui allora esclamò: "dopo tanto tempo, sento finalmente il calore di una mano umana". Il suo viso s'illuminò. Sentiva che c'era qualcuno che teneva a lui. Capii che un'azione così piccola poteva dare tanta gioia".

Ma come detto, il problema non è solo dalla parte dei medici.

Infatti, come abbiamo visto, se viene coltivata una concezione meccanicistica del rapporto tra medicina e spirito, anche dalla parte di chi è portatore di cose spirituali, uomini di Chiesa, sembra esista a volte quasi un'impotenza di fronte ai mali corporali. Eppure, proprio molte religioni non cristiane potrebbero ispirare (in tempi di ecumenismo sfrenato!) una visione più olistica della persona, non vista come un essere a compartimenti stagni.

Credo che tutti, pensando a questo tema, andiamo con la mente alla recente pandemia e come essa abbia messo in crisi non solo la nostra salute, ma anche il posto che ha la fede nelle nostre vite e in essa la liturgia. In questo libretto di don Enrico Finotti, ripercorriamo alcuni dei problemi che si sono dovuti affrontare al tempo dell'epidemia del coronavirus. Si parla di temi liturgici che hanno appassionato gli addetti ai lavori, come ad esempio quello delle "Messe senza popolo". Si offrono risposte che possono essere utile per capire che posto dobbiamo dare alla liturgia in tempo di crisi. E soprattutto ci insegna a pregare di più perché queste prove non vengano a noi e, se vengono, perché Dio ci dia la forza per sopportarle.

IL «DIRITTO LITURGICO»?

In tempi di confusione teologica, liturgica e quindi pastorale è quanto mai urgente che i pastori del popolo di Dio, i sacerdoti, siano preparati e fermi nella disciplina canonica, che assicura principi saldi e determinazione illuminata nella prassi pastorale a guida del popolo loro affidato. Non si tratta di accondiscendere al pensiero dominante e ancor meno al languore di una vita spirituale secolarizzata e spenta, ma di essere sentinelle vigilanti sulla torre di guardia dove li ha posti il sacro ordine sacerdotale, perché siano un faro nella notte e una guida sicura verso il Cielo.

Uno dei fatti più problematici nell'attuale vita della Chiesa consiste nella grave crisi del «diritto liturgico», ossia l'osservanza fedele delle norme e delle leggi che presiedono alla liturgia. Ciò provoca la scomparsa *de facto* o almeno l'oscuramento di parti importanti della liturgia così come la Chiesa l'ha ricevuta, trasmessa e codificata. I fedeli in tal modo non possano più accostarsi al culto pubblico e ufficiale della Chiesa, ma si trovano a subire forme del tutto private di sensibilità religiosa soggettiva ed effimera, quando non anche erronea.

Il grave problema, che investe l'intero arco degli anni postconciliari, raggiungendo anche picchi preoccupanti, si manifesta in questa emergenza pandemica[1] con particolare violenza a causa delle situazioni inusuali e delle condizioni di disagio in cui il clero si trova a celebrare la liturgia.

È quindi necessario affrontare con determinazione questa piaga della Chiesa che offende il culto divino e compromette il frutto della grazia.

Possiamo individuare alcune cause primarie di questa deriva:

1. Il «diritto liturgico» ha subito uno sconquasso pressoché totale con la riforma liturgica del Concilio Vaticano II nel passaggio repentino e qualche volta forzato tra il precedente regime liturgico e il nuovo. Dobbiamo ricordare che la riforma ha interessato l'intero complesso della liturgia romana

---

[1] Emergenza pandemica del 2020.

(messale, rituale, ufficio divino, pontificale, anno liturgico, ecc.) e i luoghi e arredi sacri vennero notevolmente modificati in ordine ai nuovi riti (chiesa, altare, tabernacolo, sede, ambone, presbiterio, paramenti, ecc.). Tutti i riti furono reimpostati nella loro struttura generale e in moltissime parti interne, in tal modo che l'abitudine secolare del clero e del popolo venne profondamente turbata e alquanto confusa. Più che una sana continuità vi fu un'evidente discontinuità, che tuttora permane: dall'altar maggiore monumentale e rivolto *ad crucem* alla mensa perlopiù mobile e spoglia rivolta all'assemblea; dalla centralità del tabernacolo alla sua emarginazione; dalla zona sacra protetta dalla balaustra e riservata ai ministri (presbiterio) all'aula indifferenziata aperta a tutti; dalla lingua latina alle lingue volgari; dal canto sacro alla musica d'uso corrente; ecc. Questo terremoto, accelerato e vigoroso, non poteva che far vacillare seriamente il «diritto liturgico», che si trovava ad essere diverso, alquanto modificato e piuttosto ridotto rispetto al precedente. Inoltre, l'insufficienza di una collaterale formazione teologica e liturgica ha privato l'applicazione pratica dei nuovi riti delle sue basi e delle sue finalità. La diffusione cospicua e ad ondate successive di visioni ideologiche, riguardo alla riforma liturgica, ha inquinato per decenni generazioni di sacerdoti e laici, che hanno impiegato le loro fervide energie in programmi effimeri, privi di un fondamento dottrinale adeguato e conforme alla retta visione delle cose secondo la vera *mens Ecclesiae*. Anche un clima trasversale di sospetto e di disobbedienza alle disposizioni della Chiesa e soprattutto dei sommi Pontefici, ha raffreddato la docilità religiosa dovuta al Magistero, quasi che il percorso del futuro dovesse realizzarsi nella coraggiosa 'contestazione' di ciò che era stabilito per legge e dichiarato nei documenti magisteriali. Tutto questo è certamente stato un colpo letale al «diritto liturgico», che fu guardato con sospetto e ritenuto la causa di una liturgia pregressa, stagnante ed estranea alla vita dei fedeli, e perciò da abbandonare con determinazione in nome di una libera 'creatività', suscitata, si diceva, dallo 'spirito' e motivata dalla 'pastorale'. Questo stato di cose fu superato unicamente da coloro (sacerdoti, religiosi e laici) che ebbero una vera e seria formazione teologica e liturgica e che mantennero negli anni turbolenti la docilità intelligente e l'obbedienza soprannaturale all'Autorità della Chiesa nella fedeltà alla *lettera* autentica dell'*editio typica* dei nuovi libri liturgici. Costoro non intaccarono il diritto liturgico, pur nel travaglio della riforma, ma seppero osservarlo con competenza e spirito di fede: sono stati i veri modelli nell'attuazione delle norme liturgiche secondo la mente della Chiesa.

2. Vi è poi una causa ancora più insidiosa, ma meno appariscente. Si tratta della mutazione del concetto stesso di «diritto liturgico»: si passa da un «diritto liturgico» *precettivo*, in grado di definire con precisione le rubriche liturgiche con un margine minimo di indeterminazione, ad un «diritto liturgico» *indicativo*, che lascia un notevolissimo grado di libertà applicativa, ritenendo il rito un semplice canovaccio di riferimento e consentendo molti elementi opzionali e facoltativi. E' evidente che un simile concetto del «diritto liturgico» porta ad ogni genere di interventi soggettivi da parte del sacerdote, dei ministri, della *schola* e dell'assemblea stessa dei fedeli. In questo nuovo quadro liturgico molto è lasciato alla libertà degli operatori liturgici, che imposteranno la celebrazione in base, si dice, alle concrete esigenze dell'assemblea, qui ed ora convocata. Si passa così dalla precedente preoccupazione di celebrare nella fedeltà al «diritto divino», ossia con i contenuti e nei modi voluti dal Signore e dalla tradizione perenne della Chiesa, alla nuova attenzione ai «desiderata» dei fedeli, ossia alle sensibilità mutevoli e alle esigenze psicologiche e sociologiche di coloro che si trovano insieme per l'azione rituale. E' chiaro che la Chiesa non ha mai disatteso anche questo secondo aspetto, ma con quell'equilibrio e sobrietà che non giungeva mai ad incrinare il primato assoluto dei «diritti di Dio». Ora, questa inversione di attenzioni è conforme alla liturgia cattolica e soprattutto rispetta veramente la volontà divina? Cercheremo in seguito di rispondere a questo quesito. Comunque già ora si intravvede quella deriva *antropocentrica*, che si è insinuata corposamente anche nella liturgia, in contrasto con la dimensione *teocentrica*, che è ineludibile nel culto, non solo cattolico, ma anche universale (*lex naturalis*).

3. Una causa non minore è il mutamento del concetto di *autenticità*, che non viene più intesa in relazione alla verità, ma soltanto in rapporto alla sensibilità immediata e quasi alla spontaneità delle manifestazioni soggettive degli individui o dei gruppi di opinione. In tale visione, 'autentica' non sarebbe la preghiera conforme ai contenuti oggettivi della verità rivelata, che non è sempre in sintonia con la mentalità dell'orante, ma 'autentica' sarebbe la preghiera che 'nasce dal cuore', si dice, ossia quella che è frutto

della libera fantasia del momento e del carattere di ogni persona. Ed è così che la preghiera liturgica, di sua natura oggettiva e rigorosamente formulata, viene ritenuta 'non autentica', 'non vera', non aperta alla 'libera mozione dello spirito', non adeguata alle impressioni più profonde ed amate dall'orante. Si comprende allora la forte invasione della creatività privata nella nobile sobrietà e precisione dei riti liturgici e ancor più l'esuberanza fantasiosa di molti gruppi di spiritualità, che attingono di preferenza a forme eccentriche, che allontanano dalla via tracciata dal vero itinerario liturgico della Chiesa. Vi è il rischio che proprio le persone più attente ed impegnate nella vita della Chiesa siano vittime di un culto alternativo, che li priva in maniera pressoché sistematica del contatto vitale con la vera liturgia comune all'intero popolo di Dio. Ma in questo modo è leso alla radice il «diritto divino» e a Dio non sarebbe più concesso di dare all'uomo contenuti e forme di un culto conforme alla sua divina volontà e stabilire le condizioni che nella sua divina sovranità ritiene degne della sua infinita sapienza e maestà.

4. Infine incide alquanto sul rigore del «diritto liturgico» un'idea «buonista» di Dio, il quale non gradirebbe un culto troppo 'artefatto', si dice, 'formalista', 'ingessato', 'intellettuale', 'elitario', senza la 'scioltezza di figli di Dio' aperti alle 'sorprese divine' e alla 'fantasia creativa' nella loro vita spirituale. Sono espressioni allettanti, che ingannano molti, ritenendo che siano queste le qualità di una fede 'autentica', la sola che avrebbe accesso al cuore di Dio. La mentalità, pervasiva ormai nel tessuto ecclesiale e sociale, fa riferimento anche a note espressioni bibliche, che si vorrebbero interpretare a favore di questa prospettiva, ritenuta come un segno di 'maturità religiosa' e di conquista di uno 'spirito squisitamente umano e moderno'. Frasi come: «Dio guarda al cuore l'uomo guarda all'apparenza», «Non chi dice: Signore, Signore, entrerà nel regno dei cieli», «I veri adoratori adoreranno il Padre in spirito e verità», «Sacrificio e offerta non gradisci», ecc. sono in genere citate tronche e proposte fuori dal loro contesto e in chiave ideologica, quasi che la stessa parola di Dio alludesse a questa 'nuova' impostazione del culto da lui ammesso. Non è qui il luogo per esporre e difendere la loro giusta interpretazione, ma basta un semplice buon senso per cogliere l'inganno. E' comunque evidente che, se dovesse essere accolta un simile prospettiva, il culto liturgico, oggettivo e conforme al *Logos* divino - *l'oblatio rationabilis*, come è definito nel Canone romano - sarebbe del tutto incom-

preso e il «diritto liturgico», che lo configura intrinsecamente, sarebbe, per assurdo, proprio la strada più lontana da percorrere per essere graditi a un 'dio' di questo genere.

Alla luce di queste cause, che hanno provocato il collasso del «diritto liturgico», dobbiamo fare una necessaria indagine per verificare il pensiero divino riguardo all'importanza del «diritto liturgico» come è attestato nella storia della salvezza. Per questo ulteriore approfondimento rimandiamo alla nostra Rivista *Liturgia culmen et fons*, Il diritto liturgico, 2020, n. 1°.

LA MESSA SENZA IL POPOLO?

Alcuni nostri sacerdoti, non potendo celebrare la Messa col popolo a causa della presente pandemia, non celebrano affatto la Messa feriale, ritenendo che la presenza dei fedeli sia del tutto necessaria. Qualcuno di loro ha espresso come motivo anche quello di voler essere solidale col digiuno eucaristico che i fedeli sono costretti a fare per le disposizioni in merito.

Nei decenni postconciliari la Messa senza la presenza del popolo ha subito una notevole riduzione, fino ad essere ritenuta del tutto superata o comunque non conforme alla 'nuova' visione teologica. Nella presente emergenza[2], che impone la totale soppressione delle Messe col popolo, tale ambiguità si è chiaramente manifestata, inducendo alcuni sacerdoti a non comprendere più il significato di una tale prassi, sempre ammessa nella Chiesa. Questa deriva è di notevole gravità, in quanto, se già l'interdizione dei fedeli costituisce una calamità spirituale di vasta portata, in modo ancora più radicale la totale soppressione della Messa da parte dei sacerdoti sarebbe foriera di un raffreddamento spirituale senza precedenti. Ciò farebbe pensare a quell'abolizione del «sacrificio quotidiano» annunziato dai profeti e dal Signore stesso, come uno dei grandi segni escatologici.

La delicata questione richiede un'articolata argomentazione.

1. Alla base di ogni indagine sull'oggetto considerato vi è la definizione del medesimo.

Cos'è, dunque, la Messa? *È il Sacrificio di Cristo sulla croce reso presente in modo incruento e sacramentale sui nostri altari.* Questa definizione contiene l'essenza del dogma relativo al Sacrificio eucaristico. Quando il fedele e il popolo cristiano partecipano alla Messa, si trovano davanti all'evento stesso del sacrificio del Calvario, pur velato dai segni sacramentali (*sub specie sacramenti*) e colto unicamente dall'occhio interiore della fede: «È un segno ciò che appare, ma nasconde nel mistero realtà sublimi» (cfr. Sequenza *Lauda Sion*). La percezione di questo mistero, reale e mistico, basterebbe

---

[2] Emergenza pandemica del 2020.

per riempire di sacro tremore il sacerdote che lo celebra e per suscitare profonda adorazione in tutti i presenti. Per questo la Lettera agli Ebrei raccomanda: «... rendiamo un culto gradito a Dio, con *riverenza e timore*; perché il nostro *Dio è un fuoco divorante*» (Eb 12, 28-29).

2. Il Sacrificio della croce fu un atto proprio ed esclusivo del sommo nostro sacerdote, Cristo Gesù, che immolava se stesso all'eterno Padre, come vittima di espiazione per i nostri peccati e quelli di tutto il mondo. Cristo è l'unico *sacerdote*, l'unico *altare*, l'unica *vittima* di valore infinito in grado di penetrare i cieli ed essere gradito a Dio. L'unione della natura umana e della natura divina nell'unica persona divina del Verbo incarnato rende il suo Sacrificio eterno, definitivo, perfetto ed insuperabile. Nessuno mai potrà aggiungere alcunché al valore infinito di quel Sangue divino, versato sul Calvario, del quale una sola stilla può salvare il mondo intero: *Cuius una stilla salvum facere totum mundum quit ab omni scelere* (cfr. Adoro te *devote*). Tuttavia, il Signore volle da subito e in modo simultaneo associare a sé la sua santissima Madre, che, Immacolata, fu resa partecipe, in modo del tutto singolare, della *virtus sacrificalis* del divin Figlio e quindi divenne la nostra Corredentrice. Anche l'apostolo vergine, san Giovanni, si trovava sotto la croce e fu il testimone dell'olocausto divino del Figlio unigenito di Dio, unito alla sua Madre addolorata. Questa associazione di Maria e di Giovanni al sacrificio cruento del Signore non intaccò nel modo più assoluto l'unicità del sacerdote, della vittima e del sacrificio compiuto dal Redentore, né oscurò la sua sufficienza e pienezza, ma fu l'esordio di quella partecipazione mistica alla croce di Cristo che sarebbe stata richiesta a tutti i fedeli nel corso dei secoli, mediante l'unione al Sacrificio sacramentale, secondo le parola dell'Apostolo: «Perciò sono lieto delle sofferenze che sopporto per voi e completo nella mia carne quello che manca ai patimenti di Cristo, a favore del suo corpo che è la Chiesa» (Col 1,24).

3. Il Signore non si limitò all'offerta del suo Sacrificio cruento sulla croce, ma volle anche istituire il Sacrificio *incruento e sacramentale*, anticipandolo nel cenacolo prima di morire e consegnandolo ai dodici apostoli perché lo celebrassero fino alla fine del mondo. Il dogma cattolico implica anche l'accettazione del Sacrificio eucaristico con la sua continua ripetizione rituale per la santificazione dei fedeli e del popolo santo. Gli eretici, fissando l'attenzione sul valore assoluto ed insuperabile del Sacrificio cruento del Cal-

vario hanno rigettato quello incruento, ritenendolo un'invenzione indebita della Chiesa e privando così il popolo cristiano della grazia sacramentale connessa. Ora, perché il Figlio di Dio volle istituire il Sacrificio eucaristico? Per lo stesso motivo per il quale istituì i sette sacramenti: per rendere fisicamente prossimo e disponibile ad ogni credente l'unico Sacrificio della croce, in ogni luogo e in ogni tempo. Non si tratta semplicemente di tener vivo il ricordo della passione e morte del Signore, quasi fosse soltanto un memoriale simbolico, ma di ripresentare al vivo, sotto i segni sacramentali, la medesima immolazione redentrice che il Signore fece sulla croce una volta per sempre (*semel*). Ora quella grazia salvifica, che fluisce perennemente dal *Kyrios* immolato e glorioso, raggiunge, per divina disposizione, tutti i redenti mediante il Sacrificio incruento dal quale escono come da sorgente tutti i sette sacramenti. Nell'intenzione del Signore «fate questo in memoria di me» si coglie la volontà di convocare il suo popolo e di renderlo partecipe dell'unico suo Sacrificio, trasmettendolo di generazione in generazione attraverso il ministero apostolico fine alla fine dei secoli, secondo la testimonianza dell'Apostolo: «Vi ho trasmesso dunque, anzitutto, quello che anch'io ho ricevuto…» (1 Cor 15, 3).

4. Alla luce dei principi teologici sopra esposti possiamo dedurre i fondamenti della questione iniziale: il valore inalterato della Messa, sia col popolo, sia senza il popolo.

Dal fatto che il sacrificio della croce fu offerto dal solo Gesù Cristo, quale sacerdote unico, vittima perfetta e altare eccelso, si deve concludere che anche la Messa è un'immolazione sacramentale del tutto propria del medesimo Cristo, che agisce mediante il sacerdote (causa strumentale), operante *in persona Christi*. In tal senso la Messa è tutta nel solo sacerdote nel modo stesso che l'immolazione sulla croce fu tutta nel solo Cristo. Ogni volta che il sacerdote, anche da solo, celebra il divin sacrificio, si compie il sacrificio incruento della croce, che come afferma il Tridentino: «Si tratta di una sola e identica vittima e lo stesso Gesù la offre ora per il ministero dei sacerdoti, egli che un giorno offrì se stesso sulla croce: diverso è solo il modo di offrirsi»[3].

---

[3] CONCILIO TRIDENTINO, Sessione XXII, Decreto sul Sacrificio della Messa, cap. II.

Da ciò deriva che propriamente il popolo non aggiunge alcunché al valore pieno e perfetto del sacrificio offerto dal solo sacerdote *in persona Christi*. Agli occhi di Dio e riguardo alla redenzione del genere umano la Messa senza il popolo e quella col popolo raggiungono il medesimo fine: glorificare infinitamente Dio e santificare efficacemente il mondo.

Questa verità assicura che il sacerdote celebri quotidianamente la Messa al di là delle contingenze sociali in cui si trova, sapendo che comunque l'offerta del divin Sacrificio glorifica sommamente la SS. Trinità e ottiene la pienezza della grazia sul mondo. Anche quando subentrerà la malattia e l'anzianità e il sacerdote non avrà più delle responsabilità pastorali dirette, sarà fedele al Sacrificio quotidiano come massima espressione del suo sacerdozio e somma carità verso il popolo santo.

San Tommaso d'Aquino espone con chiarezza questo concetto:

> Alcuni hanno affermato che il sacerdote può lecitamente astenersi del tutto dal celebrare, a meno che non sia tenuto a celebrare per il popolo a lui affidato e ad amministrare i sacramenti. Ma tale opinione non è ragionevole. [...] Ora, l'opportunità di offrire il sacrificio non va considerata solo in rapporto ai fedeli cristiani, ai quali si devono amministrare i sacramenti, ma principalmente in rapporto a Dio, al quale con la consacrazione di questo sacramento si offre il sacrificio. Il sacerdote quindi, anche se non ha cura di anime, non può astenersi del tutto dal celebrare, ma è tenuto a farlo almeno nelle feste principali, e specialmente in quei giorni in cui i fedeli hanno l'abitudine di comunicarsi. Per questo la Scrittura (2 Mac 4,14) lamenta che alcuni sacerdoti «non si dedicavano più al servizio dell'altare, disprezzando il tempio e trascurando i sacrifici»[4].

L'Aquinate specifica ulteriormente:

> Gli altri sacramenti vengono compiuti mentre sono amministrati ai fedeli, per cui non è tenuto ad amministrarli se non chi assume la cura dei fedeli. L'Eucaristia invece si compie nella consacrazione, nella quale si offre un sacrificio a Dio: al che il sacerdote è obbligato in forza dell'ordine sacro che ha ricevuto [5].

---

[4] SAN TOMMASO D'AQUINO, *Summa theologiae*, III, 82, 10, in Edizioni Studio Domenicano (ESD), 1997, vol. 5°, p. 826.
[5] *Idem.*

5. Se invece si considera il fatto che il Signore oltre al sacrificio della croce, consumato una volta per sempre, volle istituire il medesimo sacrificio anche in forma sacramentale per una indefinita ripetizione nel tempo e nello spazio, si comprende il valore della partecipazione il più possibile ampia e plenaria del popolo di Dio diffuso su tutta la terra. Raggiungere tutti i fedeli è il fine specifico dell'istituzione dell'Eucaristia. Per questo il sacerdote provvederà ad offrire con larghezza e zelo pastorale la santa Messa ai suoi fedeli in modo che ogni giorno e soprattutto alla domenica vi possano partecipare con frutto. In questa prospettiva la *Messa col popolo* è la forma primaria e ordinaria della Messa, che non può mai diventare un semplice pio esercizio della spiritualità sacerdotale. Questo è il motivo per cui nel messale vigente la Messa col popolo precede quella senza il popolo in quanto realizza in modo pubblico e manifesto la finalità stessa del sacrificio dell'altare che mira per sua natura a saldare l'immolazione mistica del Signore con quella di ogni singolo fedele e a nutrire le membra del Corpo mistico di Cristo col pane vivo disceso dal cielo. Nella Messa col popolo infatti si realizzano queste mirabili parole del Concilio Vaticano II:

> «Perciò la Chiesa si preoccupa vivamente che i fedeli non assistano come estranei o muti spettatori a questo mistero di fede, ma che, comprendendolo bene per mezzo dei riti e delle preghiere, partecipino all'azione sacra consapevolmente, piamente e attivamente; siano istruiti nella parola di Dio; si nutrano alla mensa del Corpo del Signore; rendano grazie a Dio, offrendo l'ostia immacolata, non soltanto per le mani del sacerdote, ma insieme con lui, imparino ad offrire se stessi, e di giorno in giorno, per mezzo di Cristo Mediatore, siano perfezionati nell'unità con Dio e tra di loro, di modo che Dio sia finalmente tutto in tutti» (SC, 48).

È allora evidente come l'interdizione ai fedeli dell'accesso alla celebrazione eucaristica o l'impossibilità di assicurarla in ogni parrocchia per la grave penuria di sacerdoti è fonte di grande sofferenza per la Chiesa e per ogni vero sacerdote che sente la responsabilità della salvezza delle anime. Una simile situazione non potrà mai diventare norma nella comunità cristiana e soprattutto non potrà mai essere ritenuta un dono di grazia celeste. Si ricordi tuttavia che tale stato di cose può derivare da cause diverse, che se da un lato possono essere la persecuzione o le calamità naturali, dall'altro deriva purtroppo, in tempi di rilassamento morale, dal languore della fede che porta il popolo cristiano ad una diffusa e grave defezione dalla partecipazione alla Messa e ai sacramenti, offendendo il precetto divino: «Ricordati di santificare le feste».

6. Un fatto del tutto primario è il giusto concetto del popolo che interviene nella Messa. Si tratta di un concetto *soprannaturale* ed invisibile e non meramente sociologico e visibile. Il popolo di Dio, che viene convocato in ogni singola Messa, è la Chiesa universale, che si estende nei tre suoi stati di esistenza: la Chiesa militante e pellegrinante qui sulla terra; la Chiesa purgante nelle anime del purgatorio; la Chiesa trionfante nelle schiere gloriose dei Santi e nei cori celesti degli Angeli. Da ciò si può intravvedere il mistero ineffabile: in ogni Messa, anche la più solitaria, il Cielo discende sulla terra e gli Angeli e i Santi si prostrano in adorazione del Sacrificio incruento del Figlio unigenito del Padre che li ha creati e redenti. La Vergine Madre, l'Immacolata regina del cielo e della terra, sta presso ogni altare come un tempo stette ai piedi della croce, offrendo il sacrificio con quella *virtus sacrificalis* che riceve dal Figlio in modo così eccelso da essere la nostra Corredentrice. L'immensa moltitudine delle anime del purgatorio sono lì per attendere il sollievo del potente suffragio che la Chiesa elargisce offrendo per Cristo con Cristo e in Cristo il divin Sacrificio. Con questo scenario mistico ed ineffabile, che si apre sopra l'altare terreno durante la celebrazione della Messa, non è possibile tergiversare ancora e trascurare la celebrazione del divin Sacrificio anche in assenza dei fedeli, che, di fronte all'immensa moltitudine degli Angeli, dei Santi e della anime del purgatorio, si trovano ad essere non altro che un piccolo gregge nelle maglie del tempo, sovrastato da quella «moltitudine immensa che nessuno poteva contare di ogni nazione, razza, popolo e lingua» che «stavano in piedi davanti al trono e davanti all'Agnello» (Ap 7,9). Si capisce che in questo meraviglioso quadro della realtà invisibile, colta solo dalla fede, il sacerdote non sarà mai solo, neppure nelle contingenze storiche più drammatiche: egli è al centro di uno splendido e beato Consorzio, dove tutti guardano a lui perché agisce *in persona Christi*. Il Padre riversa su di lui la sua compiacenza, gli Angeli, i Santi, la Anime purganti e tutte le creature aspettano da lui quell'Immolazione sacrificale di valore infinito, che è la fonte perenne del loro gaudio eterno.

Al termine di questa argomentazione risulta più chiaro il comportamento da assumere.

È necessario innanzitutto aderire fermamente a precisi dogmi della fede cattolica, senza minorazione dell'uno o dell'altro: – il dogma dell'assoluta unicità, perfezione e definitività del Sacrificio cruento della croce (*Stat crux dum volvitur orbis*); – il dogma della volontà positiva di Cristo che istituisce il Sacrificio incruento per consentire ai redenti di tutti i secoli e luoghi di comunicare all'oblazione eterna del *Kyrios*, immolato e glorioso, consumata sulla croce e resa presente sull'altare *sub specie sacramenti* e per ricevere in nutrimento il suo Corpo e Sangue, immolati una volta per sempre sul Calvario; – il dogma della Comunione dei Santi come realtà oggettiva ed influente nella vita del popolo cristiano.

Inoltre, per quanto riguarda il ruolo del popolo nella Messa, bisogna dire: il *Soggetto primario e necessario* del Sacrificio sacramentale é il Cristo, che agisce mediante il sacerdote come causa strumentale (*in persona Christi*), associando alla sua offerta, come *soggetto secondario e non necessario*, il popolo santo e in esso ogni singolo fedele.

Si tratta allora di celebrare con fedeltà il Sacrificio divino normalmente col popolo, ma anche senza il popolo, qualora ciò fosse necessario, sapendo che «ogni volta che celebriamo questo memoriale del sacrificio del Signore, si compie l'opera della nostra redenzione»[6] e a Dio viene data una gloria infinita.

---

[6] *Superoblata* della Messa *in Cena Domini*.

LA COMUNIONE AD UNA SOLA SPECIE NELLA «CONCELEBRAZIONE»?

In questi tempi di paura pandemica[7] ho saputo che in alcune case di religiosi, per motivi di precauzione, i sacerdoti anziani concelebranti hanno ricevuto la Comunione sotto la sola specie del pane, evitando l'assunzione del Sangue di Cristo dal calice. A nome mio e di altri amici chiediamo se ciò sia possibile.

Da qualche parte si diffonde la pratica di sacerdoti concelebranti che si comunicano ad una sola specie, cibandosi soltanto al Corpo di Cristo ed evitando di assumere anche il Sangue di Cristo, consumato questo totalmente dal solo sacerdote principale. Ciò si fa a motivo del disagio nel far partecipare al calice i sacerdoti concelebranti anziani e malati in case di riposo, oppure talvolta la pratica tende a diventare un modo ordinario di comunicare per facilitare la concelebrazione quotidiana, quasi fosse marginale l'assunzione delle due specie per ogni singolo concelebrante.

Il fatto va considerato e richiede un'indagine teologica adeguata.

Occorre distinguere tra «concelebrazione» e «assistenza»: un sacerdote può *concelebrare* la Messa oppure può *assistere* alla Messa. I due modi sono essenzialmente diversi e implicano norme liturgiche differenti.

Nel caso della semplice «assistenza», pur essendo prescritto l'uso dell'abito corale e il seggio nel presbiterio, il sacerdote, riguardo alla recezione della santa Comunione, si uniforma al modo previsto per tutti gli altri fedeli, ossia: la Comunione è facoltativa, può essere ricevuta in bocca o in mano, in ginocchio o in piedi, con una sola specie o due specie, secondo quanto in quella celebrazione viene fatto per tutti i fedeli.

Nel caso della «concelebrazione», oltre ad essere prescritto l'abito liturgico (alba, stola e lodevolmente la casula), si richiede che ogni singolo sacerdote concelebrante assolva *personalmente* gli atti essenziali per la realizzazione del Sacrificio sacramentale: pronunzi le parole consacratorie

---

[7] Emergenza pandemica del 2020.

sul pane e sul vino in sincronia col sacerdote principale e gli altri concelebranti; assuma il Sacramento, consacrato nella medesima Messa, in modo integrale, ossia sotto le due specie.

Questi due atti sono necessari per ogni singolo concelebrante per realizzare una concelebrazione valida. Infatti, l'*essenza* del Sacrificio incruento è contenuta nella sola Consacrazione e l'*integrità* del medesimo richiede – in modo assoluto per ogni sacerdote concelebrante – l'assunzione del Sacramento, comunicando al Corpo e al Sangue del Signore. Tale legge è di «diritto divino», istituita del Signore, e la Chiesa non ha alcun potere né di mutare, né di dispensare il sacerdote concelebrante da tali gravi condizioni per attuare validamente il Sacrificio sacramentale. In qualche modo vi è analogia tra la Consacrazione e la Comunione: come non è possibile *consacrare* una specie senza l'altra (cfr. Can. 927), così non è possibile al sacerdote (celebrante e concelebrante) *comunicare* ad una sola specie senza l'altra: la duplice Consacrazione implica la duplice Comunione. San Tommaso d'Aquino tratta la questione, evidenziandone aspetti importanti ed intrinseci: la necessità assoluta per il sacerdote celebrante di assumere il sacramento che ha consacrato (deve fare la comunione) e l'assunzione integra di ambedue le specie (sotto le due specie):

«In un concilio di Toledo riferito dai canoni si legge: "In modo assoluto si deve osservare che il sacrificante, quante volta immola il corpo e il sangue del Signore nostro Gesù Cristo sull'altare, tante volte partecipi di quel corpo e di quel sangue". [...] Perciò è necessario che il sacerdote ogni volta che consacra riceva questo sacramento nella sua integrità»[8].

«Alla *integrità* di questo sacramento concorre tanto la consumazione del corpo quanto quella del sangue. Se dunque si riceve il corpo senza il sangue, il sacramento rimane incompleto. Il che equivale a un sacrilegio. Infatti il papa Gelasio soggiunge: "La divisione di un solo e identico mistero non può farsi senza un grande sacrilegio"... Perciò il sacerdote, avendo il compito di consacrare e di consumare nella sua *integrità* questo sacramento, non deve mai sumere il corpo di Cristo senza il sangue»[9].

---

[8] SAN TOMMASO D'AQUINO, *Summa theologiae*, III, q. 82, a. 4, Edizioni Studio Domenicano (ESD), 1986, vol. 28, p. 338.

[9] *Idem*, III, q. 80, a. 12, vol. 28, p. 308: Cfr. CONGREGAZIONE PER IL CULTO DIVINA E LA DISCIPLINA DEI SACRAMENTI, *Redemptionis sacramentum*, Istruzione su al-

Pio XII nell'Enciclica *Mediator Dei* espone la medesima dottrina, distinguendo inoltre tra la necessità assoluta della comunione per il sacerdote celebrante (e concelebrante), dalla viva raccomandazione (ma non necessità) della comunione per i fedeli presenti:

> «... il sacrificio eucaristico consiste essenzialmente nella immolazione incruenta della vittima divina, immolazione che è misticamente manifestata dalla separazione delle sacre specie e dalla loro oblazione fatta all'Eterno Padre. La santa Comunione appartiene alla integrità del sacrificio, e alla partecipazione ad esso per mezzo della comunione dell'Augusto Sacramento; e mentre è assolutamente necessaria al ministro sacrificatore, ai fedeli è soltanto da raccomandarsi vivamente»[10].

Se la pronunzia delle parole della Consacrazione e l'assunzione integra della santa Comunione sono elementi assoluti e necessari per la *validità* della concelebrazione secondo il «diritto divino», vi sono tuttavia anche altre disposizioni, stabilite dalla Chiesa (di «diritto ecclesistico») che sono richieste per la *liceità* della concelebrazione. La disciplina liturgica della Chiesa, infatti, stabilisce il modo di pronunziare la Prece eucaristica e le parti che sono assegnate rispettivamente al sacerdote principale e ai sacerdoti concelebranti (cfr. OGMR nn. 216-236). E' evidente che anche la rigorosa osservanza di queste parti è indispensabile per la retta esecuzione della concelebrazione e per l'edificazione dei ministri e dei fedeli.

Riguardo al modo di assumere la Comunione vi sono indicazioni diverse (cfr. OGMR nn. 237-249), tuttavia si deve sottolineare l'importanza che ogni concelebrante possa accostarsi *personalmente* all'altare per assumere con le proprie mani il Corpo del Signore e bere all'unico calice del suo Sangue. La differenza tra il sacerdote celebrante e il fedele sta proprio in questo: il sacerdote assume da se stesso il Corpo e il Sangue del Signore, mentre il diacono (cfr. OGMR n. 182), i ministri e i fedeli lo ricevono dalle mani sacerdotali. Tuttavia, come sopra si è detto, diverso è il caso tra l'assistere

---

cune cose che si devono osservare ed evitare circa la santissima Eucaristia, 25 marzo 2004, nn. 98 e 105, in *Enchiridion Vaticanum*,EDB, 2006, nn. 2284 e 2291.

[10] PIO XII, *Mediator Dei*, Lettera enciclica sulla liturgia, Città del Vaticano, 1947, parte II, n. 3 (Cfr. Enciclopedia Liturgica a cura di R. Aigrain, Edizioni Paoline, 1957, p. 1008).

alla Messa e il concelebrarla: nell'«assistenza» il sacerdote *riceve* la comunione, nella «concelebrazione» il sacerdote *assume da sé* il sacramento.

Sembra pure, alla luce dell'esperienza, che la forma più conveniente, scorrevole e ordinata per l'assunzione del Sangue del Signore sia quella per *intinzione*. Il servizio ai sacerdoti concelebranti infermi e disagiati potrebbe essere facilitato proprio dal comunicarli per *intinzione* portandosi presso di loro.

LA «CONCELEBRAZIONE VIRTUALE»?

Le chiese sono chiuse, ma lo zelo del nostro parroco ha fatto in modo che noi potessimo seguire la Messa via streaming. Certo non possiamo fare la Comunione sacramentale e dobbiamo supplire con quella spirituale. Ha suscitato una certa meraviglia, tuttavia, il fatto che i nostri sacerdoti abbiano concelebrato col vescovo via streaming (loro in canonica e il vescovo in cattedrale) E' possibile questo modo di concelebrare?

Vi è il caso che alcuni sacerdoti concelebrino in collegamento televisivo con una Messa virtuale trasmessa da un'altra chiesa (via *streaming*). Questo avviene soprattutto in occasione della Messa presieduta dal vescovo, celebrata in cattedrale o in altro luogo. I tempi di emergenza in cui versiamo sembrerebbero quasi indurre a questo singolare modo di concelebrare. Anzi da alcuni è ritenuta una modalità quanto mai opportuna per esprimere la comunione tra il vescovo e i suoi sacerdoti, offrendo ai fedeli una trasmissione televisiva da loro gradita e spiritualmente partecipata.

Il fatto non è banale, anzi implica questioni gravi in ordine alla disciplina liturgica, che richiedono un'argomentazione precisa, che qui viene esposta.

1. La celebrazione valida e lecita di tutti i sette sacramenti implica necessariamente la presenza fisica del sacerdote che li amministra e del fedele che li riceve. Ogni sacramento, infatti, è per sua intrinseca natura un segno visibile che comunica la grazia invisibile, in modo che senza il contatto fisico col segno materiale non si riceve la grazia soprannaturale significata e trasmessa: non vi è battesimo senza l'acqua che lava il battezzando; né cresima senza l'olio che unge il cresimando; né eucaristia senza il Corpo e Sangue di Cristo, sotto le specie del pane e del vino, che nutre il comunicando; né penitenza senza la presenza fisica del penitente che si accusa e del sacerdote che giudica e assolve; né sacra unzione senza il malato; né ordinazione senza l'imposizione fisica delle mani sull'ordinando, ecc.. Il fatto che si possa ricevere in anticipo la grazia di alcuni sacramenti (es. con l'atto di dolore perfetto e la comunione spirituale), quando per impossibilità fisica o morale non sia possibile riceverli, implica il *voto* di accostarvisi appena sarà possibile.

2. Anche l'offerta del Sacrificio incruento dell'altare esige necessariamente la presenza fisica del sacerdote, che *in persona Christi* compie, qui ed ora, l'azione sacrificale. Inoltre, ogni fedele, per partecipare validamente alla Messa, deve essere fisicamente presente, sia per unirsi all'oblazione sacrificale del sacerdote, sia per ricevere eventualmente il sacramento nella santa Comunione. In tal senso nessuno assolve validamente al precetto domenicale virtualmente, ma è necessaria la presenza fisica nel luogo in cui si celebra la Messa.

3. Stabiliti i principi sopra esposti, per realizzare la forma della «concelebrazione eucaristica» in quanto tale, è necessaria la presenza fisica di tutti i sacerdoti concelebranti e del sacerdote-presidente nel *medesimo luogo*, in rapporto fisico con l'*unico altare*, l'*unico pane*, l'*unico calice* e l'*unica oblazione sacrificale*:

> «Infatti in questo modo di celebrare la Messa vari sacerdoti, in virtù del medesimo sacerdozio e in persona del sommo sacerdote, agiscono contemporaneamente con una sola volontà e una sola voce, e nello stesso tempo compiono e offrono l'unico sacrificio con un unico atto sacramentale, e insieme vi partecipano»[11].

Una presunta 'concelebrazione' che intendesse far riferimento ad un luogo, ad un preside, ad un altare, ad un calice e ad un'oblazione virtuali, non può essere tale e, caso mai vi sia la Consacrazione, si dovrà ritenere questa una Messa del tutto distinta e autonoma, pur celebrata in contemporanea con quella trasmessa telematicamente. L'unicità del sacrificio, del sacerdozio, dell'altare e del calice, espressa nella forma liturgica della concelebrazione, per essere autentica, analogamente ad ogni sacramento, esige il principio della *prossimità fisica*. Si ricordi, fra l'altro, che tale unicità è manifestata anche con l'elevazione dell'unica patena e dell'unico calice nella dossologia conclusiva del Canone (*per ipsum*), dove è interdetto il 'brindisi eucaristico' di concelebranti che alzano simultaneamente una molteplicità

---

[11] SACRA CONGREGAZIONE DEI RITI, *Ecclesiae semper*, Decreto sulla concelebrazione e la comunione sotto le due specie, Roma 1965, in *Enchiridion Vaticanum*, EDB, 1979, vol. II, n. 386.

di coppe e di calici. Tale abuso va del tutto rimosso[12]. Dall'insieme di questi elementi deriva, quindi, l'illiceità di questo modo virtuale di 'concelebrare', in quanto del tutto equivoco ed estraneo all'atto liturgico qui ed ora celebrato.

4. La 'concelebrazione virtuale' presenta inoltre gravi lesioni della disciplina liturgica, che devono essere evidenziate. Certamente, qualora i concelebrati pronunzino le parole consacratorie sulla materia del pane e del vino, realizzano validamente l'Eucaristia, tuttavia, molte e fondamentali parti dell'*Ordo Missae* sarebbero indebitamente assolte da ministri virtuali, fisicamente lontani: la parola di Dio richiede una proclamazione viva e reale, ma soprattutto le orazioni sacerdotali e parti cospicue della stessa prece eucaristica verrebbero pronunziate da un preside virtuale, in modo che la Messa celebrata *in loco* si ridurrebbe *de facto* alla realizzazione della sola Consacrazione. Ciò svilisce la tradizione perenne della Chiesa e il principio di fisicità dell'azione liturgica, attuata nella sua integrità e completezza delle parti. Ora, pur essendo vero che in situazioni di estrema gravità (cfr. persecuzione e martirio) basta la sola Consacrazione per realizzare l'essenza della Messa (*conficere sacramentum*), è altresì un gravissimo illecito spogliare il rito della Messa delle sue parti liturgiche costitutive in situazioni ordinarie (cfr. Can. 927). Il grande mistero non può essere impunemente profanato e ridotto ai minimi termini in nome di finalità diverse, che vanno dall'emergenza, alla comodità, all'interpretazione soggettiva della liturgia ed anche ad un concetto errato di pastorale. Il popolo, infatti, ha diritto di ricevere integralmente la liturgia nell'integrità della forma stabilita dalla Chiesa.

5. Infine, se per ipotesi fosse approvata la liceità della 'concelebrazione virtuale', cadrebbe inesorabilmente la legge del precetto festivo per tutti i fedeli, sostituendo la partecipazione fisica alla Messa con una partecipazione virtuale per via telematica. Le conseguenze sarebbero incalcolabili, perché, oltre alla negazione del principio di prossimità fisica, che è richiesto da tutti i Sacramenti, si introdurrebbe nella vita cultuale dei cristiani una dimen-

---

[12] CONGREGAZIONE PER IL CULTO DIVINO E LA DISCIPLINA DEI SACRAMNTI, risposta a dubbio: *Il calice nella concelebrazione*, marzo-aprile 2009, in *Enchiridion Vaticanum*, EDB, 2012, vol. 26°, nn. 467-468.

sione virtuale, che minerebbe alla radice quella relazione umana che è inscritta nella legge naturale e che è costitutiva in ogni ambito della vita sociale dell'uomo. Si deve ricordare che i servizi religiosi televisivi e radiofonici non assolvono mai il precetto, ma consentono solo una qualche partecipazione spirituale a coloro che per giusti motivi sono dispensati dal precetto stesso.

6. La base dogmatica del «principio di fisicità» connesso alla liturgia in genere e ai Sacramenti in specie si trova nel dogma dell'Incarnazione, dal quale derivano direttamente le azioni sacramentali, che sono gli interventi diretti con i quali il Verbo incarnato, mediante il sacerdote, tocca e risana la nostra umanità decaduta; e ad immagine di Lui, vero uomo e vero Dio, operano con gesti visibili e parole udibili per la santificazione soprannaturale dell'anima. Spogliare o comunque ridurre la dimensione fisico/materiale dei riti sacramentali è in realtà negare o almeno oscurare la *natura umana* del Figlio di Dio e indulgere ad una spiritualità avulsa dalla sua intrinseca dimensione corporale e storica, che è imprescindibile dall'economia cristiana della redenzione.

L'evento salvifico cristiano, infatti, non potrà mai prescindere dall'incontro *personale* che è attestato dall'apostolo Giovanni:

«Ciò che era fin da principio, ciò che noi abbiamo udito, ciò che noi abbiamo veduto con i nostri occhi, ciò che noi abbiamo contemplato e ciò che le nostre mani hanno toccato, ossia il Verbo della vita (poiché la vita si è fatta visibile, noi l'abbiamo veduta e di ciò rendiamo testimonianza e vi annunziamo la vita eterna, che era presso il Padre e si è resa visibile a noi), quello che abbiamo veduto e udito, noi lo annunziamo anche a voi, perché anche voi siate in comunione con noi. La nostra comunione è col Padre e col Figlio suo Gesù Cristo» (1 Gv 1, 1-3).

ELEMENTI DI DIRITTO LITURGICO-BASE
PER OGNI SACERDOTE

L'imprevista situazione pandemica ha messo una grande confusione anche i sacerdoti che non sanno più cosa fare e sono tra di loro divisi sugli orientamenti da impartire ai fedeli. Ma non dovrebbero avere delle disposizioni di legge precise riguardo alla Messa, ai Sacramenti e ai loro doveri pastorali?

In un tempo di pandemia[13], così vasto e prolungato, che coinvolge l'intera Chiesa Cattolica diffusa su tutta la terra, i sacerdoti e il popolo di Dio si trovano improvvisamente di fronte ad una 'rivoluzione liturgica' che muta il consueto «diritto liturgico» e impone modalità di emergenza prima impreviste e, con questa estensione, mai sperimentate. Tali necessità inducono alcuni a celebrazioni mancanti e sciatte, che non raramente rasentano la profanazione dei santi misteri, quand'anche la loro stessa invalidità. Lo stato di emergenza non consente mai di scadere a livelli indegni dei misteri, pur celebrati nell'indigenza di mezzi e ambienti. Soprattutto vi è il pericolo che, passata l'emergenza, si ritengano determinate modalità, assunte per necessità temporanea, una nuova forma legittima, quasi fossero una conquista raggiunta al prezzo di una prolungata privazione. Basterebbe pensare ad alcune limitazioni come: la partecipazione virtuale dei fedeli alla Messa, la comunione rigorosamente in mano, le celebrazioni tenute fuori del luogo sacro e su un comune tavolo domestico, la facile riduzione dei paramenti sacri, il ricorso alla concelebrazione per l'assenza delle messe d'orario, la sospensione della solennità liturgica, la soppressione di parti estese di riti importanti e solenni (es. Triduo pasquale), ecc.. In realtà tali limitazioni non potranno mai diventare norma dopo l'emergenza e questo sarà possibile soltanto se il clero avrà una sicura formazione liturgica, supportata da uno zelo illuminato e determinato ad elevare il popolo di Dio a quel livello di qualità che esige la dignità dei misteri della nostra fede.

---

[13] Emergenza pandemica del 2020.

Ogni sacerdote, quindi, dovrà aver chiara coscienza dei suoi diritti fondamentali riguardo al cuore stesso del suo ministero, che è la santa Messa. Se questi sono conosciuti e rispettati, il sacerdote e con lui il suo popolo potranno mantenere viva ed operante la sostanza stessa della vita liturgica della Chiesa in ogni contingenza, sia di benessere e di libertà, sia di emergenza e di desolazione.

Ed ecco i diritti fondamentali, sempre tutelati dalla Chiesa, che possiamo riassumere così:

Ogni sacerdote, non gravato da censure ecclesiastiche, ha il diritto di celebrare la Messa *ogni giorno*, in modo *individuale*, in un *luogo sacro*, su un *altare dedicato* o benedetto, *pubblicamente*, ossia con la presenza dei fedeli.

Possiamo fare qualche commento:

1. La Chiesa celebra *ogni giorno* il divin Sacrificio, come dimostra il formulario della Messa con orazioni e lezionario quotidiani previsti dal Messale. Infatti si dice negli Atti degli Apostoli: «*Ogni giorno* tutti insieme frequentavano il tempio e *spezzavano il pane* a casa prendendo i pasti con letizia e semplicità di cuore, lodando Dio e godendo la simpatia di tutto il popolo» (At 2, 46-47).

Can. 904 - Memori che nel mistero del Sacrificio eucaristico viene esercitata ininterrottamente l'opera della redenzione, i sacerdoti celebrino frequentemente; anzi se ne raccomanda caldamente la *celebrazione quotidiana*, la quale, anche quando non si possa avere la presenza dei fedeli, è sempre un atto di Cristo e della Chiesa, nel quale i sacerdoti adempiono il loro principale compito.

La giornata di ogni sacerdote deve essere incentrata nella Messa e nell'Ufficio divino, come primo dovere verso Dio e servizio alla Chiesa, celebrati normalmente (almeno per la Messa) col concorso del popolo o altrimenti con supplenza individuale. Vale per ogni sacerdote il motto benedettino: «Nulla si anteponga a Cristo».

2. Ogni sacerdote ha la libertà di celebrare la Messa in modo *individuale* o nella forma della *concelebrazione* secondo le norme liturgiche.

Can. 902 - A meno che l'utilità dei fedeli non richieda o non consigli diversamente, i sacerdoti possono concelebrare l'Eucaristia, rimanendo tuttavia intatta per i singoli la libertà di celebrarla in modo individuale, non però nello stesso tempo nel quale nella medesima chiesa o oratorio si tiene la concelebrazione.

Come si vede ogni sacerdote ha diritto alla *celebrazione individuale* della Messa e in nessun caso può essere imposta ad un sacerdote la concelebrazione. Soprattutto si deve evitare che, a motivo della concelebrazione, i sacerdoti non possano celebrare individualmente in chiese diverse e in orari opportuni, privando i fedeli della Messa quotidiana. La disponibilità più ampia possibile per raggiungere il maggior numero dei fedeli é intrinseca al carattere pubblico della santissima Eucaristia e al diritto di ogni battezzato di intervenire anche ogni giorno (dove vi è possibilità) al Sacrificio dell'altare e ricevere la santa Comunione.

3. Ogni sacerdote ha diritto di celebrare normalmente in un *luogo sacro* (chiesa o oratorio) e su un *altare dedicato* o almeno benedetto.

Can. 932 - §1. La celebrazione eucaristica venga compiuta nel *luogo sacro*, a meno che in un caso particolare la necessità non richieda altro; nel qual caso la celebrazione deve essere compiuta in un luogo decoroso.

§2. Il sacrificio eucaristico si deve compiere sopra un *altare dedicato o benedetto*; fuori del luogo sacro può essere usato un tavolo adatto, purché sempre ricoperto di una tovaglia e del corporale. In assenza di censure ecclesiastiche dichiarate, il sacerdote deve sempre poter accedere al luogo sacro per la celebrazione della Messa in modo da non dover celebrare in casa o in luoghi estranei, senza un motivo serio di salute, anzianità o di altra grave causa.

Il senso del luogo sacro è alquanto compromesso per una mentalità secolarizzata, che ritiene superficialmente che ogni luogo sia adatto alla celebrazione dei santi misteri. In realtà la Dedicazione della chiesa e dell'altare attestano che il luogo adibito alla liturgia deve essere adeguatamente dedicato e l'altare consacrato per offrire il culto con venerazione e sacro tremore e per consentire alla grazia divina di operare con maggior frutto in luoghi e oggetti adombrati dalla celeste benedizione. Il carattere esorcistico connesso alla benedizione di luoghi e arredi sacri sembra del tutto estinto, anche a causa del silenzio sulla presenza e l'azione del Maligno nella creazione come conseguenza del peccato originale.

Riguardo all'altare sembra che ormai si celebri con totale libertà ovunque, indotti a questa deriva anche dall'uso ormai ordinario di un 'altare posticcio' in luogo dell'altare fisso e dedicato. La cura per la presenza e centralità della croce e dei candelabri esposti con vera dignità e senso sacro ha portato ad un impiego di un comune tavolo secondo l'uso profano.

La norma canonica dunque ha subito un'inversione: l'eccezione è diventata regola.

4. Ogni sacerdote ha il diritto di celebrare *pubblicamente* la santa Messa, consentendo il libero accesso dei fedeli.

> Can. 837 - §1. Le azioni liturgiche non sono azioni private, ma celebrazioni della Chiesa stessa, che è «sacramento di unità», cioè popolo santo radunato e ordinato sotto la guida dei Vescovi; perciò appartengono all'intero corpo della Chiesa, lo manifestano e lo implicano; i singoli suoi membri poi vi sono coinvolti in diverso modo, secondo la diversità degli ordini, delle funzioni e dell'effettiva partecipazione.

> §2. Le azioni liturgiche, per il fatto che comportano per loro natura una celebrazione comunitaria, vengano celebrate, quando ciò è possibile, con la presenza e la partecipazione attiva dei fedeli.

Un sacerdote, non gravato da pene canoniche, è tenuto a celebrare la Messa *pubblicamente* in una chiesa aperta al culto e con il libero accesso dei fedeli, secondo le parole della lettera agli Ebrei: «Ogni sommo sacerdote, preso fra gli uomini, viene costituito per il bene degli uomini nelle cose che riguardano Dio, per offrire doni e sacrifici per i peccati» (Eb 5,1). Tale dovere implica il diritto che non gli sia indebitamente vietato senza una grave motivazione formalmente espressa. Tale diritto è proprio pure di ogni singolo battezzato, che intende partecipare alla santa Messa, anche quotidianamente.

Questi principi di «diritto liturgico», basilare ed essenziale, che in tempo di emergenza potrebbero subire un notevole sconvolgimento, devono essere chiari per ogni sacerdote come una bussola di orientamento per tenere sempre lo sguardo fisso alla norma ed essere solleciti a riprenderla con decisione appena lo stato di emergenza viene superato.

[Domande del lettore in Rivista *Liturgia culmen et fons* 2020 / n. 2°]

LA SANIFICAZIONE DELLE CHIESE E LA SANTIFICAZIONE DELLE ANIME

Una riflessione postuma: a ben pensare non c'è stata proporzione tra la sanificazione delle chiese e la santificazione delle anime. Ci siamo resi conto quanto noi 'credenti' siamo ormai diventati materialisti: la paura per la salute del corpo ha oscurato notevolmente la necessità di curare l'anima. Ci siamo trovati con sorpresa di fronte ad una solitudine imprevista dove anche Dio sembrava assente e noi non lo abbiamo invocato come si doveva. Anche il santissimo Sacramento era diventato un pericolo da temere... Un'esperienza piuttosto triste per il nostro essere cristiani!

L'accordo tra l'autorità civile ed ecclesiastica, ha portato ad una serie di indicazioni comportamentali alquanto determinate e con un ritmo indubbiamente assillante. La gente si è trovata sprovveduta di fronte ad eventi improvvisi e paurosi: una malattia sconosciuta con un tasso alto di diffusione che prostrò il morale di intere nazioni e mise a dura prova i sistemi sanitari e la gestione della cosa pubblica. Tutto questo tumulto provocò molta confusione e le stesse indicazioni dell'autorità furono incerte e talvolta contraddittorie di fronte ad indagini non ancora sufficienti e ponderate. La paura di un popolo si manifestò come una cappa oscura e trasversale che interessò ogni ambiente ed ogni età. Non entriamo nel merito di tale vasto fenomeno, ma limitiamoci a considerarne un aspetto specifico: quello della vita della Chiesa e in particolare della liturgia.

Ciò che desta una certa perplessità nei fedeli attenti è il fatto che le indicazioni ecclesiastiche, riguardo soprattutto al settore del culto, abbiano ribadito prevalentemente o almeno eccessivamente l'aspetto sanitario, preoccupandosi di riflettere e anche di potenziare ulteriormente la tutela della salute corporale ed emarginando lo specifico delle direttive proprie della Chiesa, che avrebbero dovuto insistere in primo luogo sulla cura spirituale dell'anima dei fedeli, provati da questa subitanea calamità. Già l'autorità medica e politica hanno prodotto i necessari protocolli, in merito ai quali i fedeli come ogni altro cittadino dovevano attenersi. Dall'autorità ecclesiastica, invece, ci si aspettava delle direttive di ordine dottrinale, liturgico e disciplinare più pertinenti ed organiche per assicurare la tenuta della fede e della vita cristiana in un contesto di tribolazione e di necessità impellente. Non che qua e là siano del tutto mancate, ma non sempre e dovunque hanno ricevuto il rilievo dovuto.

Ed ecco che con la riapertura delle chiese e la ripresa graduale delle celebrazioni, abbiamo assistito ad un'organizzazione alquanto rigorosa per la sanificazione delle chiese e per l'accesso distanziato dei fedeli, ma non sembra che vi sia stato, in genere, un richiamo altrettanto esplicito o almeno sufficiente in ordine alla *santificazione delle anime*, che ritornavano ai Sacramenti dopo mesi di assenza. In realtà il popolo cristiano si é trovato privo dei Sacramenti in un periodo centrale dell'Anno liturgico, il ciclo Quaresima / Pasqua. In tale tempo forte molti si sarebbero accostati alla Confessione e alla Comunione assolvendo almeno il precetto pasquale. Ma niente di tutto questo: solennità di primissimo rango, come la Pasqua e la Pentecoste, sono state celebrate senza il popolo e tempi sacri a forte impatto religioso sono trascorsi senza poter operare sul tessuto vivo del popolo cristiano mediante i riti e le preci sacramentali. Inoltre l'animo dei fedeli si trovò immerso, suo malgrado, in una deficienza di mezzi spirituali, proprio quando maggiore era il bisogno del conforto della fede e dell'ausilio della grazia. La ripresa della liturgia, quindi, esigeva, con la sanificazione dell'ambiente, una *sanificazione* delle anime, che doveva precedere e preparare alla celebrazione del divin Sacrificio e soprattutto alla recezione degna del Sacramento dell'Eucaristia. Sembra essere prevalso invece un preoccupante disinteresse, un obnubilamento del sacramento della Penitenza, quasi che fosse logico, dopo tanta assenza, un accesso spontaneo e senza discernimento ai santi Misteri. Ora il dogma della fede impone una recezione degna dell'Eucaristia e una partecipazione ad essa nello stato di grazia santificante, che implica la necessaria penitenza e l'uso del sacramento della Confessione. Si è in tal frangente manifestata chiaramente la precedente e profonda crisi della Penitenza, connessa col debole, se non mancante, senso del peccato, che un fedele formato non può non percepire dopo un così prolungato stato di lontananza dalle fonti sacramentali della grazia.

Una corretta disciplina liturgica avrebbe dovuto programmare un'apertura delle chiese e una ripresa delle celebrazioni meno assillante e più ponderata, in modo da far precedere e offrire ai fedeli una catechesi e un'opportunità adeguata per compiere un primo passo col Sacramento della

Penitenza, anche per assolvere a quel precetto pasquale, che si doveva comunque tenere nella dovuta considerazione.

Allora alla *sanificazione delle chiese*, imperata dalla pubblica autorità, si sarebbe dovutamente accostare con uno zelo ancor maggiore la *sanificazione delle anime*, che, provate dalla pandemia, avrebbero potuto accostarsi al Sacramento con sensi di più spiccata sensibilità e forse con una disposizione di maggior maturità di fede, favorita dalla dolorosa astensione.

L'evento calamitoso ha fatto perciò emergere in modo drammatico il deficit dottrinale che covava nei cuori da troppo tempo e con esso l'aridità spirituale di anime ormai irretite dalla secolarizzazione nel solo orizzonte materiale, senza più il respiro soprannaturale della grazia, che suscita il desiderio delle cose del cielo.

LA MESSA COL POPOLO SENZA LA COMUNIONE SACRAMENTALE DEI FEDELI?

Dopo il triste periodo della chiusura delle chiese siamo ritornati finalmente a celebrare la Messa. Ciò che mi ha fatto pensare è che quei pochi fedeli che sono ritornati in chiesa si sono tutti accostati alla santa Comunione nonostante un tempo così lungo di assenza dai sacramenti. Ho chiesto di potermi confessare, ma non è stato possibile. Come i sacerdoti hanno potuto aprire le Chiese e amministrare l'Eucaristia senza alcun accenno alla confessione, anzi negando la loro disponibilità?

Alla ripresa delle Messe col popolo non sono mancate delle remore piuttosto serie da parte di sacerdoti e fedeli riflessivi e attenti alla disciplina liturgica e morale. Infatti, se si poteva accedere alla celebrazione, pur secondo i numeri e i limiti imposti, si trovò subito difficoltà ad accogliere un certo modo di amministrare la santa Comunione non conforme a quella pietà e adorazione che il Sacramento esigeva. Inoltre alcuni fedeli segnalavano il loro disagio per l'impossibilità a lungo conculcata di accostarsi al sacramento della Penitenza, che ora chiedevano con fervore. Perciò la modalità sconveniente del dare la santa Comunione e il bisogno di prepararsi ad essa con una degna Confessione provocarono una profonda sofferenza in quei fedeli che vivevano una fede convinta e praticavano con intensità la vita cristiana. I sacerdoti, preparati e zelanti, seppero cogliere questi giusti auspici e trovare i modi possibili per assecondare i diritti inalienabili di ogni fedele.

Una singolare modalità, assunta come introduzione graduale e transeunte all'accesso del popolo alla Messa, fu quella di celebrare per alcune domeniche il divin Sacrificio senza la Comunione sacramentale dei fedeli. Ciò consentiva molteplici e intelligenti opportunità pastorali: - nell'omelia i fedeli venivano preparati, dopo l'assenza prolungata, ad una ripresa degna delle celebrazioni, spiegando loro la necessità del sacramento della Confessione e il valore della Comunione spirituale in attesa di migliori condizioni per accedere a quella sacramentale; - si comunicava loro giorni e orari per accostarsi al sacramento della Penitenza, soprattutto nell'ottica della Pasqua trascorsa e non celebrata sacramentalmente; - si attendeva al contempo che le disposizioni sanitarie attenuassero le disposizioni più sconvenienti per l'amministrazione della santa Comunione (cosa che avvenne in un tempo relativamente breve). Questa proposta avrebbe avuto il merito di trasmettere ai fedeli il senso sacro della santissima Eucaristia e come non si dovessero riprendere le celebrazioni come un fatto abitudinario e superficiale. Dio avrebbe avuto il primo posto e la devozione verso i santi Misteri sarebbe stata incrementata da queste precauzioni disciplinari, che, lungi dall'allontanare i fedeli, li avrebbe maggiormente predisposti ad una partecipazione più fruttuosa e santa (*actuosa participatio*). Non è forse logico ritenere che la dura prova possa essere stata un'occasione forte per uscire da quella tiepidezza spirituale, che da tempo abbassa il clima orante delle nostre assemblee?

Ebbene, sembra che tale iniziativa non abbia avuto molti consensi. Soprattutto, e questo è motivo di preoccupazione, si percepiva che alla base del diniego vi fossero chiari *deficit* dottrinali, quasi che, senza Comunione sacramentale dei fedeli, la Messa non dovesse aver senso.

Ora la tradizione liturgica secolare della Messa solenne - come si sa - non prevedeva la Comunione dei fedeli, che veniva amministrata in altre Messe o *extra Missam*. Che la vigente normativa liturgica stabilisca in ogni Messa la possibilità della Comunione ai fedeli è cosa quanto mai logica ed opportuna, tuttavia non può essere negato il valore del divin Sacrificio anche senza la Comunione ai fedeli presenti, altrimenti per secoli la Chiesa avrebbe errato. In questa prospettiva tuttavia sarebbe stato del tutto possibile, in vista di beni maggiori e di tempi migliori, procedere per passi successivi in modo che ogni elemento liturgico venisse celebrato con la dovuta dignità e ogni esigenza spirituale fosse assecondata con il rispetto richiesto dalla coscienza morale di ciascuno.

Non è un caso che il precetto festivo, imposto dalla Chiesa, non riguarda propriamente la Comunione sacramentale, per la quale vi è un precetto apposito annuale (precetto pasquale), ma soltanto la partecipazione fisica al Sacrificio dell'altare. Infatti, la Chiesa conosce la fragilità dei suoi figli e sa che vi sono delle situazioni morali che impediscono l'accesso alla santa Comunione, ma non la partecipazione alla Messa, dalla quale anche il peccatore può attingere la grazia di un sollecito ritorno a Dio.

Come si vede ancora una volta lo stato di recente calamità ha messo alla prova i cuori, soprattutto dei sacerdoti, ed ha rivelato la qualità o il *deficit* di preparazione dottrinale e teologica che è richiesto per una illuminata guida pastorale del popolo di Dio.

LA COMUNIONE EXTRA MISSAM?

Quanto è stato difficile durante la pandemia poter ricevere almeno la santa Comunione! Oltre alle note disposizioni sanitarie si aggiungeva il modo indegno di amministrarla e di riceverla. Come non bastasse un sacerdote ebbe a dirmi che fuori della Messa una persona sana non dovrebbe chiedere la Comunione. Che dire al riguardo?

Una grande sofferenza per molti fedeli fu non poter accedere almeno alla santa Comunione, ricevuta individualmente e con le dovute precauzioni fuori della Messa a cui per le note ragioni non potevano partecipare. Dopo un primo momento di totale apprensione, l'accesso alla Comunione poteva essere gradualmente ripreso senza eccessive difficoltà. Tuttavia purtroppo anche a questo riguardo la paura del contagio ha continuato a condizionare pesantemente i sacerdoti e i fedeli, al punto che in nome della salvaguardia della salute si persero occasioni e modalità che uno zelo illuminato avrebbe saputo individuare.

Ciò che però desta una particolare attenzione è il fatto che durante la pandemia si manifestò con maggior evidenza ciò che in realtà covava da tempo nella mentalità del clero e nella prassi pastorale, ossia il sospetto sulla convenienza o addirittura sulla legittimità della Comunione *extra Missam* per i fedeli sani. Certo nessuno dubita sull'uso della Comunione ai malati nelle loro case, tuttavia l'amministrazione della Comunione a fedeli sani fuori della Messa desta in alcuni perplessità, ritenendo quasi d'obbligo dover sempre e comunque ricevere il Sacramento soltanto durante la Messa.

Naturalmente tale mentalità non ha alcuna base, né teologica, né liturgica, né storica. Basterebbe solo ricordare che la Chiesa ha un rito specifico con questo titolo: «Rito della Comunione fuori della Messa e culto eucaristico». Inoltre la storia della liturgia ci ammaestra con fatti ben documentati sull'uso comune ed esteso, in certe epoche più di altre, della Comunione *extra Missam*.

Potremmo dire che nei primi secoli ad un numero ridotto di Messe, magari la sola Messa domenicale, corrispondeva un uso frequente della Comunione, anche quotidiana, fatta dai fedeli nella loro casa e dagli eremiti nei loro eremi; nel Medioevo invece ad un'offerta talvolta esorbitante di Messe corrispondeva un uso piuttosto raro della Comunione dei fedeli, al punto da doverla intimare con un precetto almeno annuale; infine ai nostri giorni si è recuperato il giusto equilibrio che stabilisce l'amministrazione della Comunione dei fedeli normalmente durante la Messa, senza tuttavia vietarla *extra Missam* per ragionevoli motivi.

Ed ecco che proprio in tempo di calamità l'uso della Comunione *extra Missam* doveva essere assolutamente opportuno non potendo celebrare la Messa col popolo.

Alla luce di questa recente emergenza si dovrebbe perciò riequilibrare la disciplina in merito. Vi sono infatti situazioni, anche nello stato di normalità, in cui è doveroso concedere ai fedeli diversamente impossibilitati di usufruire di chiese e di orari adatti per ricevere almeno la santa Comunione, non potendo essi partecipare alla Messa quotidiana, diventata rara anche per la mancanza dei sacerdoti.

Occorre al contempo non indulgere neppure all'estremo opposto, ponendo la Comunione sacramentale in appendice a qualsiasi altra celebrazione (Liturgia delle Ore, pii esercizi, ecc.), per non ridurre il Sacramento ad un comune pio esercizio, reiterato senza dignità in ogni occasione. E' allora necessario distinguere la Comunione *extra Missam* dagli altri riti e ricorrere rigorosamente al rito stabilito dalla Chiesa, che non è altro che la parte precipua dei riti di comunione della Messa.

Infine credo non sia stata una scelta saggia e ispirata a pietà quella di intraprendere o consigliare un presunto digiuno eucaristico in solidarietà con i fedeli che non potevano accedere alla Comunione. Si tratta invece di sopperire alla loro assenza nutrendosi con maggior fervore del Corpo del Signore per essere membra forti del Corpo mistico di Cristo a sostegno delle membra più provate per la mancanza dei Sacramenti.

L'ADORAZIONE EUCARISTICA

È stato certo un tempo di dura prova quello della privazione della Messa e dei sacramenti. Tuttavia i nostri sacerdoti hanno saputo valorizzare l'adorazione eucaristica che, passata l'emergenza, è ripresa con nuovo vigore come un appuntamento settimanale regolare e frequentato. Possiamo dire che dal dolore è nata una vita spirituale più intensa e convinta.

Una delle testimonianze più confortanti ed edificanti nel tempo della pandemia fu la possibilità di adorare il SS. Sacramento mediante esposizioni, adorazioni e benedizioni eucaristiche. In verità alcuni zelanti sacerdoti hanno dimostrato un coraggio apostolico singolare nel condurre i cuori dei fedeli almeno a contemplare a distanza il Corpo di Cristo, ad adorarlo con fede e hanno impartito la benedizione eucaristica alle loro parrocchie per ottenere dal Signore protezione e difesa.

Il fatto, oltre ai sicuri benefici spirituali, ha rivelato quanto sia fungibile la vicinanza alla SS. Eucaristia e come, anche per gli assenti dal Sacrificio dell'altare, vi sia possibilità di comunicare col sublime mistero attraverso due canali di dichiarata efficacia e ormai recepiti nella tradizione liturgica della Chiesa. Il Signore *sub specie sacramenti* raggiunge i fedeli, fisicamente assenti dal divin Sacrificio, con due vie maestre che scaturiscono da esso e ne estendono la grazia: la Comunione *extra Missam* e l'Adorazione eucaristica. Non a caso la Chiesa mette insieme queste due modalità in un rituale apposito: «Il rito della Comunione fuori della Messa e il culto eucaristico».

Ora, se con la Comunione, anche *extra Missam*, la partecipazione al divin Sacrificio raggiunge la massima intensità sacramentale, anche con l'Adorazione eucaristica la *virtus sacrificalis* del Signore raggiunge misteriosamente i cuori adoranti e li inonda di grazia celeste. In realtà, come dalla persona fisica del Signore usciva una forza che risanava tutti, così dal Corpo sacramentale del Signore la stessa grazia continua a fluire nei secoli, fino all'incontro visibile con Lui nell'eternità. La vita dei Santi e la mistica ordinaria dei buoni fedeli ci attestano il valore santificante dell'Adorazione eucaristica e le loro opere manifestano i frutti di grazia che l'intimità con Cristo produce nelle anime umili che si affidano a Lui. Ed è questa convinzione di fede che ha fatto individuare nell'esposizione eucaristica quell'ultima propaggine dove l'incontro col Figlio di Dio incarnato è reale e salvifico. La Vittima divina, immolata sull'altare senza il popolo e assunta dal solo sacerdote per l'impossibilità fisica della comunione al popolo, può ancora raggiungere i fedeli e il loro ambiente mediante il SS. Sacramento esposto, adorato, portato in processione e benedicente, pur a distanza fisica dal popolo che lo contempla, lo adora, lo invoca e lo desidera ardentemente. Questa è stata un sicura dimostrazione della fede eucaristica dei sacerdoti e dei buoni cristiani, che fa onore a coloro che con coraggio hanno saputo praticarla pubblicamente, pur nel rispetto dei limiti imposti.

Lo stimolo della pandemia dovrà in tal senso produrre i suoi frutti benefici, in modo che mai venga a mancare nella comunità cristiana la pratica regolare e anche solenne dell'Adorazione eucaristica.

Si sono pure levate voci sul valore della Parola di Dio, che in assenza dell'Eucaristia, veniva indicata con insistenza quale alimentazione dello spirito, soprattutto in un contesto di preghiera domestica ed individuale. Indubbiamente la *lectio divina* fa parte del grande e antico patrimonio spirituale della Chiesa e ad essa conviene dare il dovuto spazio. Tuttavia sembra che alcuni accenni nel raccomandare tale ricorso fossero deboli e inclini ad una visione protestante, quasi che la Parola, intesa come mera lettura della sacra Scrittura, pareggiasse la stessa Eucaristia e si dovesse riscoprila proprio riducendo numericamente la celebrazione quotidiana della Messa, ritenuta come uno sviluppo eccessivo nella tradizione cattolica in confronto con altre confessioni cristiane. In tal senso il motto «Meno messe e più Messa» ritornava a ribadire questa esigenza, non tanto a causa dell'imperversare temporaneo della calamità, quanto come programma da attuare senza indugio in un prossimo ritorno alla normalità. Al riguardo si deve dire che il concetto cattolico di Parola di Dio ha il suo vertice e la sua piena efficacia proprio nell'Eucaristia, perché è nel Sacramento che il *Logos* eterno fatto carne ha la sua dimora, infatti: *Et Verbum caro factum est.* L'adorazione eucaristica, quindi, non è assolutamente estranea all'ascolto vivo della Parola di Dio, in quanto è la stessa Persona divina del Verbo incarnato (ossia la Parola fatta carne) che nel SS. Sacramento è «veramente, realmente e sostanzialmente» presente davanti a noi. La sua voce è segreta, ma potente ed efficace nell'intimità dell'anima credente. Se la Sacra Scrittura è necessaria per attingere - insieme alla Tradizione, interpretate dal Magistero - i contenuti oggettivi e perenni della Parola di Cristo, è nell'intimità eucaristica che Lui stesso è presente ed operante col suo sguardo d'amore per infondere nelle nostre anime la virtù divina dello Spirito Santo e farci ardere il cuore come fu per i discepoli sulla via di Emmaus. Non separi, quindi, l'uomo ciò che Dio ha unito: Parola di Dio e Reale presenza sono indissolubili, come indissolubile è la persona dal suo pensiero e dalla voce che lo comunica. Dopo il Sacrificio sacramentale la Comunione *extra Missam* e l'Adorazione eucaristica rivestono il grado di massima dignità tra i riti liturgici, in quanto l'una e l'altra ne sono intrinseche partecipazioni e canali di irrigazione della grazia, che dall'altare irrora nello spazio e nel tempo i cuori di coloro che vi attingono.

[Domande del lettore in Rivista *Liturgia culmen et fons* 2020 / n. 3°]

GLI AUDIOVISIVI NELLA LITURGIA

Importanti celebrazioni, care alla tradizione, vengono disturbate da proiezioni, schermi gigante e musica registrata. Sembra di essere a teatro più che in chiesa. Ne viene meno l'attenzione, e lo spirito ne è alquanto distratto. Insomma non si riesce veramente a pregare ... Dicono però che bisogna aggiornarsi nei metodi e nelle proposte ...

L'uso degli audiovisivi nella liturgia deve essere attentamente valutato. Innanzitutto riguardo alla natura della liturgia, che esige la «verità del segno». Infatti si conoscono bene i notevoli condizionamenti di una vita sottomessa ai mezzi tecnici della comunicazione. Essi producono una collaterale estraneità tra le persone proprio nel mentre intendono favorirla. Il messaggio virtuale non ha in alcun modo l'efficacia e l'autenticità della parola in un rapporto personale nel quale si ode la voce e si vede l'espressione del volto e i gesti del corpo, che interpretano i contenuti del suono vocale diretto. Così l'immagine è estranea alla realtà viva che presenta e il movimento di un film non inerisce al moto reale di chi lo vede, ma lo porta ad esperienze esterne all'immediato vitale di chi vi assiste. Per questo è necessario che nel rito le persone siano presenti e le loro azioni e le loro voci siano reali e corrispondano ad atti effettivi qui ed ora operanti. Se la liturgia fosse abbandonata all'intervento degli audiovisivi, come strumento invasivo e acritico, verrebbe meno in essa quella qualità dei rapporti interpersonali e creaturali che è necessaria per l'equilibrio semplicemente umano del vivere e del socializzare. In altri termini: la liturgia cesserebbe nel suo ruolo di scuola di vita e di vita sana per la società umana, ma si piegherebbe miseramente alla dittatura del costume e all' ingannevole fascino della tecnica.

La questione tuttavia non si riduce all'aspetto sociologico del comunicare e alla finalità di un'autentica educazione umana nei rapporti reciproci e nell'impiego vero degli elementi del creato: la liturgia, infatti, è sempre stata palestra di vera umanità, fonte di cultura e di autentica arte, base perciò di un'educazione all'umano prima ancora di essere la mediazione sacramentale al trascendente e alle realtà soprannaturali. Si tratta allora di valutare un altro aspetto, che è primario, l'aspetto del «sacro». Per «sacro» si intende la percezione della presenza e dell'azione soprannaturale di Dio, il vero «Protagonista» dell'azione liturgica, Colui che la presiede, la compenetra con la sua grazia e in essa si rivela, qui ed ora, nell'atto, velato dai simboli e dai gesti visibili, che ne trasmette *in mysterio* la santificazione delle anime. Nella liturgia la Chiesa entra al cospetto della divina Maestà e pone ogni suo elemento sotto lo sguardo sovrano del *Kyrios* nella potenza dello Spirito Santo. Ciò si evince, ad esempio, nel modo con cui il sacerdote assume i paramenti: se egli è conscio di dover comparire davanti alla maestà di Dio li indossa con timore riverenziale, se, invece, crede semplicemente di presiedere un'assemblea li indossa con superficialità funzionale. La Chiesa non può che accostarsi al suo Signore se non con atti veri, autentici e nobili e per questo conformi alle leggi che il Creatore ha sovranamente impresso nelle sue creature. L'uso, fedele ed umile, delle modalità più semplici, cristalline e naturali, di porre i nostri atti nell'impiego, senza contraffazione, di tutto ciò che ci offre il creato, è il modo unico consentito per offrire un culto gradito a Dio nel rispetto adorabile di tutto ciò che egli ha disposto con intelligenza divina per la nostra vera beatitudine.

Ed ecco allora che si devono dedurre delle considerazioni conseguenti:

- A riguardo della proclamazione della Parola di Dio: il buon senso ci dice che in una grande assemblea, quando ospita un personaggio importante, si faccia leggere il suo messaggio o il suo saluto da un lettore degno, che pronunzi con nobile contegno e viva voce le parole del grande ospite, il quale ascolta con compiacenza e attenzione. Che sarebbe se tali parole venissero proposte con una registrazione o una proiezione? In tal caso il personaggio verrebbe emarginato e l'attenzione su di lui sfuocata. Ora, nell'assemblea liturgica è Dio stesso che parla al suo popolo (SC 7) e la sua invisibile presenza è mediata da ministri visibili, che pronunziano le sue parole e compiono i suoi gesti. Ciò esige uno spiccato senso del «sacro», che qualora fosse assente, l'atto di culto svilirebbe in un intrattenimento umano di poco valore e manipolato da chiunque. Il rispetto della Parola di Dio esige la massima corrispondenza al suono della lettera del testo sacro, che nella proiezione, nella drammatizzazione e in altri modi similari rischia di essere inficiata con indebite sottolineature e con interpretazioni fuorvianti, oltre che attirare l'attenzione più sugli attori e la loro bravura artistica, che neanche sul soggetto divino da cui la Parola proviene e dal quale attinge l'efficacia di grazia.

- Quanto ai riti: «I riti splendano per nobile semplicità, siano chiari nella loro brevità e senza inutili ripetizioni, siano adatti alla capacità di comprensione dei fedeli né abbiano bisogno, generalmente, di molte spiegazioni» (SC34). Il principio è chiaro ed esprime perfettamente il pensiero della Chiesa. I riti devono risplendere nella loro identità e finalità senza inutili complicazioni, che ne alterano l'equilibrio o ne gravano la loro nobile forma. Inoltre i fedeli devono poterli comprendere con una certa facilità ed immediatezza in modo che essi stessi ne colgano il significato senza bisogno di ulteriori spiegazioni nel corso della celebrazione. Viene quindi esclusa quella noiosa «sermonite», che tende ad interrompere in continuazione lo svolgimento rituale, riducendo il rito ad una lezione catechistica discorsiva, estranea alla natura della liturgia che ha un carattere contemplativo e cultuale. Si intende che in tali interventi possono essere annoverati anche i mezzi audiovisivi, che in tal caso complicano, nel modo stesso dei discorsi prolissi, la nobile semplicità e la forza intrinseca del sacro rito. Come i commenti vocali, anche quelli audiovisivi con proiezioni e musiche di sottofondo, debilitano la freschezza e la bellezza del rito, che deve da solo poter comunicare i contenuti della fede e il dono della grazia. Bisogna ricordare che il monito conciliare «Nessuno, anche se sacerdote, osi, di sua iniziativa, aggiungere, togliere o mutare alcunché nella Liturgia» (SC 22§3) riguarda pure quelle aggiunte o interpretazioni che si insinuano come un'edera nel tessuto rituale, avvolgendolo con le modalità proprie ed estranee o comunque non pertinenti dei mezzi audiovisivi.

- Il problema del canto sacro non richiede ulteriori commenti: si comprende bene che una registrazione, per quanto qualificata, non corrisponde a quella autenticità del canto che la Chiesa esige nella liturgia. E così pure l'uso di strumenti elettronici, che imitano gli strumenti veri, richiede una seria valutazione per non indulgere a realizzazioni di bassa qualità non degne del culto divino.

Con la presente considerazione non si intende squalificare l'uso degli audiovisivi in quanto tale, ma mettere in luce la loro problematicità nella liturgia. Il loro impiego comunque si rivela fruttuoso in tanti altri momenti della vita della Chiesa, non esclusa la catechesi, gli incontri culturali, le comunicazioni in tutte le modalità note nell'odierna società. La distinzione tra liturgia e le altre forme della vita ecclesiale (SC 9), è necessaria se non si vuole giungere ad un livellamento superficiale, che distrugge sia la sacralità del tempio, sia la bellezza della vita quotidiana. Occorre comunque non varcare certi limiti, vigilando che mai venga meno la verità e l'autenticità umana dei rapporti interpersonali e istituzionali della società.

LA COMUNIONE NELLE MANI?

Mi chiedo: dal momento che a tutti i fedeli l'Eucarestia è data prevalentemente in mano, che senso può ancora avere che il sacerdote faccia la purificazione delle sue dita?

La purificazione dei vasi sacri è questione non secondaria nella celebrazione della Messa e manifesta la preoccupazione che il dogma della fede abbia adeguata e coerente espressione nel rito liturgico.

Si deve innanzitutto precisare che la purificazione dei vasi sacri e delle dita del sacerdote, non attiene semplicemente ad una necessaria procedura di pulizia funzionale ed igienica, come avviene normalmente con le stoviglie e gli oggetti di un comune pasto. Ciò risulta dal fatto che i vasi sacri non vengono portati nella sagrestia senza prima aver compiuto un rito liturgico di purificazione. La purificazione, infatti, viene fatta dal ministro sacro (sacerdote o diacono) con la recita di precise formule oranti stabilite dal Messale. Tale antico rito ha da un lato lo scopo di trattare con venerazione e recuperare con cura gli eventuali frammenti sacramentali rimasti nella patena e i residui del Sangue del Signore nel sacro calice, dall'altro di compiere questo atto in atteggiamento adorante verso la «reale presenza» che essi ancora conservano.

È allora evidente che il rito della purificazione, interno alla Messa, fatto normalmente sulla mensa dell'altare e compiuto dallo stesso sacerdote, attesta il dogma cattolico della «transustanziazione», che assicura in ogni anche più piccolo frammento dell'Ostia e in ogni goccia del vino rimasto la presenza «vera reale e sostanziale» del Signore nostro Gesù Cristo. Qui si tocca l'eloquenza del rito liturgico, che sempre deve rivelare il mistero ineffabile che vi è sotteso. Compiere questo breve rito con pietà e convinzione significa per il sacerdote attestare a se stesso e comunicare ai fedeli attenti la realtà viva del mistero che san Tommaso d'Aquino esprime in forma lirica quando nella sequenza del *Corpus Domini* canta: «Quando spezzi il sacramento, non temere, ma ricorda: Cristo è tanto in ogni parte, quanto nell'intero» e nel ritmo *Adoro te devote,* a proposito del Sangue di Cristo, osserva: *cuius una stilla salvum facere totum mundum quit ab omni scelere* («di cui una sola stilla può salvare tutto il mondo da ogni delitto»).

È allora evidente quanto sia importante, non solo che la purificazione venga fatta, ma ancor più che avvenga con le dovute modalità rituali e disposizioni spirituali.

Non è escluso purtroppo che una mentalità secolarizzata indulga facilmente alla visione eretica per la quale la presenza eucaristica non si configura con rigore secondo il dogma della «transustanziazione», ma si adegua ad un concetto di presenza eucaristica simbolico e vago, che non urge perciò il compimento completo e devoto del rito della purificazione previsto dalla liturgia cattolica. Una simile trascuratezza rivela il *deficit* della fede nel sacerdote ed induce gli stessi fedeli ad una analoga superficialità verso il Sacramento. Da ciò la deriva abusiva di coloro che addirittura omettono la purificazione liturgica o ne elidono le preci accompagnatorie fino anche giungendo a relegare l'atto al sacrista fuori della Messa in sagrestia. Evidentemente con un concetto dottrinale erroneo diventa logico ciò che diversamente è gravemente abusivo, infatti, se le oblare restassero ontologicamente tali e non subissero alcuna *transustanziazione*, restando un mero simbolo virtuale, sarebbe normale riportarle in sagrestia e procedere là alla necessaria pulizia.

Stabilito il principio dogmatico si è in grado di valutare il rito.

Al rigore del *vetus ordo Missae* subentra una certa maggior elasticità nel *novus ordo Missae*. In particolare: l'abluzione delle dita con le quali il sacerdote ha toccato le sacre specie non è più tassativa, ma lasciata libera secondo la necessità; anche il numero delle abluzioni del calice è indeterminato e lasciato alla convenienza del sacerdote, che può purificare con acqua e vino o solo con acqua; oltre al Diacono si consente anche all'Accolito istituito provvedere alla purificazione dei vasi sacri sulla credenza in presbiterio[14]. Certamente con l'introduzione della comunione nelle mani dei fedeli, senza che ne consegua una loro purificazione, si toglie mordente all'abluzione delle dita del sacerdote che ha comunicato gli stessi fedeli. Questo è certamente un motivo per cui la stessa purificazione delle mani sacerdotali non viene più fatta con quella cura e costanza che dovrebbe avere.

Vi è poi la complicazione vasta e capillare dei ministri straordinari della Comunione, che, nonostante le precise norme liturgiche, facilmente ten-

---

[14] Cfr. OGMR, 3° ed., nn. 278 - 280.

dono ad omettere la purificazione delle dita dopo aver amministrato il Sacramento, sia in chiesa che nelle case degl'infermi.

Si deve inoltre ricordare che presso il tabernacolo dovrebbe esserci sempre il vasetto delle abluzioni e in sagrestia il sacrario per versarvi le acque impiegate nei molteplici usi sacramentali e liturgici [15].

Si tratta quindi di una notevole deriva della qualità liturgica, che rivela in fondo una deficienza sul piano dottrinale oltre che su quello che attiene alla devozione vera, che nasce dalla percezione viva del Sacro a cui indegnamente si serve.

____

[15] Cfr. CEI., Rito della comunione fuori della Messa e culto eucaristico, 1979, Premesse, n. 22; OGMR, n. 280.

LA CHIESA È ANCORA UN LUOGO SACRO?

Il ritorno sofferto alla chiesa, nella pandemia ancora in corso, ha imposto un notevole ridimensionamento alla superficialità del nostro stare in chiesa ormai da decenni. La chiesa ridotta a piazza, senza silenzio e contegno, non permetteva più di partecipare con vera devozione e senso religioso ... Non è più possibile ritornare in chiesa a quelle condizioni ... Bisogna riprendere una nuova educazione al sacro ...

Una vita spensierata e del tutto estroversa ha portato a non distinguere più il luogo sacro dal profano. È venuta meno la percezione della «soglia» oltre la quale in modo spontaneo il fedele sente di dover mutare comportamento ed assumere atteggiamenti consoni col clima sacro della chiesa. Ciò deriva innanzitutto dal vuoto interiore e dalla desolazione dell'anima, tutta dedita agli impulsi immediati ed effimeri degli stimoli ambientali, travolti da ritmi talvolta disumani di vita. La mancanza di formazione catechistica elementare e soprattutto l'assenza dell'esercizio spirituale nella preghiera, regolare e quotidiana, ha creato personalità incapaci di discernimento, di silenzio e di concentrazione interiore. Inoltre, il senso di una libertà assoluta e deresponsabilizzata, unito al crollo del rispetto dell'autorità in ogni suo grado, ha portato ad un rapporto sociale sfacciato gli uni verso gli altri, dove il mistero personale di ognuno è violato dalla supponenza reciproca, che abbatte ogni identità e diritto e si attesta su uno squallido individualismo egoista. Se con tali presupposti la gente entra in chiesa, questa diventa una comune piazza, dove si continuano quelle relazioni indomabili secondo i moduli più gettonati della società sbrigliata.

Inoltre un'educazione accondiscendente in tutto, intesa in ambito ecclesiale come attenzione pastorale, ha snervato ogni intento precettivo e ogni forma di correzione, ritenendo autentico ciò che in realtà è frutto del capriccio e asservendo la verità oggettiva delle cose ai comportamenti impulsivi e irriflessi delle masse. In un clima di tale soggettivismo, disgiunto ormai da ogni riferimento veritativo, non è possibile istruire il popolo cristiano su principi e comportamenti morali, che devono essere accolti e praticati. L'abbandono della Croce e della sua applicazione concreta nella

Penitenza e nell'ascesi cristiana, non consente alcuna edificazione della personalità credente e di conseguenza espone l'intera società all'anarchia, dove l'opinione dominante diventa dittatura imperante.

Infine, anche una visione materialistica, priva dell'orizzonte soprannaturale, ha ridotto la stessa vita cristiana ad una impostazione pragmatica, nella quale tutto si risolve in rapporti sociologici dentro le coordinate asfissianti del mondo visibile, senza alcun alito trascendente e nessuna prospettiva di eternità.

Con questi presupposti si può capire come lo stesso luogo sacro divenga uno dei tanti ambienti di vita ordinaria e la liturgia un semplice intrattenimento umano, valutato unicamente sotto l'aspetto funzionale in ordine ai soli bisogni sociali. Da ciò: la chiesa perde la sua identità di casa di Dio e il tabernacolo diventa un'ordinaria 'riserva del pane simbolico del cammino'; la Dedicazione dell'altare e del tempio si riduce ad un rito di inaugurazione di un ulteriore ambiente per l'attività della comunità cristiana senza valenza soprannaturale; la comunità diventa il soggetto primario e invasivo della chiesa, nella quale si raduna per compiere iniziative non solo cultuali, ma multiuso, in quanto ogni attività ecclesiale è sacralizzata e non esula da una visione tendenzialmente panteistica, dove non esiste più la distinzione tra il sacro e il profano e anche lo stesso atto di culto crede di potersi risolvere totalmente in un servizio umanitario; l'orientamento *ad Deum* si scioglie in un permanente orientamento *ad homines,* ritenendo che tale dimensione sia la sostanza stessa della religione, sciogliendo in tal modo il primo nel secondo Comandamento (cfr. Mt 22, 35-40).

E' necessario perciò ritornare ad applicare in modo rigoroso le regole tradizionali per accedere e restare nel luogo sacro. Norme che possiamo riassumere in disposizioni elementari: il silenzio; la compunzione dei gesti e il decoro degli abiti; lo spirito di orazione. In chiesa si fa silenzio senza eccezioni di sorta; in chiesa si entra con un abito decoroso e con un atteggiamento di serietà e venerazione; in chiesa si prega e davanti al tabernacolo si adora. Durante la celebrazione liturgica tutto deve concorrere a non turbare tali disposizioni interiori ed esteriori: la bocca si apre per la preghiera e il canto, i gesti e i movimenti sono quelli stabiliti dai riti. Niente di profano deve intervenire nel rito, ma ognuno è chiamato ad entrare nella sacra realtà dei misteri che si compiono sotto i veli sacramentali.

Si sa però che nell'odierno contesto una simile indicazione è ritenuta non solo estranea alle nuove prassi comportamentali, ma del tutto improponibile. In realtà non è così. Non resta altra via che ritornare alla tradizione, in quanto queste regole fondamentali scaturiscono dal buon senso e da esigenze inscritte nel diritto naturale pertinente alla dimensione religiosa in quanto tale.

È vero purtroppo che non raramente, mentre il buon fedele spontaneamente entra nella chiesa con questo buon senso elementare, vi trovi tuttavia un clima dissacrante di chiacchiere e movimenti inutili e subisca durante la stessa celebrazione schiamazzi e battimani inopportuni.

Questo singolare rispetto della chiesa dev'essere richiesto anche agli estranei, che la visitano per motivi artistici e turistici. Essi devono aver riguardo del luogo sacro al di là delle convinzioni religiose personali, perciò i cristiani devono saper esigere con determinazione e cortesia l'osservanza di precise regole comportamentali. La rinuncia in tale settore rivela mancanza di fede e impreparazione dottrinale, oltre che desistenza verso la grande cultura dei secoli cristiani.

DIO HA ANCORA SPAZIO NELLE NOSTRE CHIESE?

Secondo una certa mentalità piuttosto diffusa, si va in chiesa sostanzialmente per trovarci insieme e far comunità. Ma nella chiesa c'é pure il tabernacolo e l'immagine della Madonna e dei Santi. Possibile che sia diventato così difficile raccogliersi in preghiera prima e dopo Messa per caricare spiritualmente anche l'anima?

Il buon funzionamento della vita domestica esige una minima disponibilità di diversi ambienti destinati a momenti differenti della vita familiare: la cucina per i pasti, la sala per il ritrovo, le camere per il riposo, la dispensa per gli alimenti, ecc. Qualora una famiglia non disponesse di questi locali elementari, sentirebbe il disagio della vita in comune in quanto esigenze naturali ed individuali verrebbero conculcate e violato l'ambito privato dei componenti a causa di servizi mediocri e insufficienti al buon andamento familiare. Per questo la Chiesa, fin dalle origini dell'architettura sacra cristiana, ha impostato l'antica basilica in un complesso di ambienti distinti e funzionali alle diverse esigenze del culto e dell'assemblea convocata. Si pensi alle parti classiche dell'edificio sacro: l'*atrio*, la *navata* e il *santuario* (ambienti celebrativi), la *sagrestia* e il *sagrato* (luoghi per la preparazione). L'esperienza celebrativa unita al genio architettonico hanno poi perfezionato questi luoghi con aggiunte e strutture supplementari. Si pensi ad esempio alla declinazione dell'atrio in ambienti specifici come il *nartece*, il *quadriportico* e il *battistero*, talvolta come edificio monumentale a se stante. Ancor più varia e singolare la creazione dei luoghi celebrativi interni alla chiesa: il *presbiterio* latino (o il santuario orientale) con l'altare centrale e la cattedra; la cappella del SS. Sacramento adatta all'adorazione silenziosa; l'*ambone* per la proclamazione della parola di Dio; la cantoria per la *schola* e l'organo; la zona penitenziale; il sacello delle reliquie o immagini dei Santi ed altre pertinenze secondo la storia e le vicende di ogni chiesa. Come si vede la tradizione architettonica cristiana può vantare edifici veramente adatti ai momenti diversi della vita liturgica e spirituale della comunità.

Ora, che sarebbe se in casa si scambiassero gli ambienti e si usassero in modo improprio, senza alcun rispetto dei differenti momenti familiari e di vita personale dei congiunti? Vi sarebbe un notevole malessere domestico, che porterebbe ad un continuo attrito e a fastidiose incomprensioni.

Ebbene, sembra che questo squilibrio abbia ormai da decenni prevalso nelle nostre chiese: l'aula della preghiera è scambiata col sagrato e il silenzio orante ha lasciato il posto alla conversazione profana; il santuario è violato da chiunque e l'eliminazione della balaustra ha tolto ogni limite alla zona sacra; la sacrestia smentisce se stessa diventando un luogo di disordine e di chiacchiere inutili senza possibilità di preparazione spirituale ai sacri riti; l'ambone è spesso scaduto a luogo per impartire comunicazioni ordinarie per ogni necessità, senza rispetto per la parola di Dio, che su di esso dovrebbe avere l'esclusiva; il tabernacolo è diventato 'riserva' senza alcuna aura di adorazione e di circospezione sacra; la *schola* occupa non raramente posti inopportuni, manifestando un protagonismo indebito; il fonte battesimale, rimosso dalla sua sede classica, occupa posti impropri e cede spesso il suo ruolo ad un bacile vagante, mentre il battistero storico è ridotto a deposito. Da una simile situazione non può che scaturire quella confusione che turba l'equilibrio di una ordinata vita di fede. In particolare viene perduto il clima sacro e sobrio dell'orazione, che è la nota essenziale e primaria della casa di Dio, che fonda la sua origine fin dal rito della Dedicazione. In tale distrazione si eclissa in primo luogo l'attenzione adorante al SS. Sacramento «cuore vivente delle nostre chiese» (Paolo VI), ma anche la venerazione delle immagine dei Santi e si spegne l'eloquenza mistica dei simboli e dell'arte sacra delle nostre chiese. Se gli istanti precedenti ad una celebrazione esordiscono in una simile teatralità, non migliore potrà essere il corso stesso del rito, che subirà i contraccolpi di una comunità distratta e priva di quell'interiorità, che sarebbe richiesta da una degna e fruttuosa celebrazione liturgica.

È indispensabile ritornare al rispetto dei luoghi sacri secondo la loro natura e finalità. Ciò implica un'educazione catechistica, spirituale e morale, che deve plasmare i fanciulli cristiani fin dalla prima infanzia e proseguire nel successivo arco catechistico fino ad essere continuamente confermata e richiamata in ogni altra età della vita. Il giusto comportamento nella chiesa e la graduale abilitazione alla sua osservanza deve poggiare su basi dottrinali, che devono diventare convinzioni personali, che a loro volta si traducono coerentemente in attitudini interiori e gesti corporali adeguati. Ciò implica la volontà determinata e lo spirito di sacrificio, che non è altro che un aspetto del più ampio orizzonte penitenziale, imposto al cristiano dal diritto divino (cfr. CIC, Can. 1249). Sarà quindi necessario insegnare la regola del silenzio sacro, lo spirito di devozione, gli atti corporali e i gesti di adorazione e di venerazione, l'uso dell'acqua benedetta e le comuni formule della pietà cristiana. Senza l'assunzione di questi mezzi intramontabili i credenti perdono il senso della loro fede, non rispettano il luogo sacro e scadono in un comportamento mondano che offende Dio e scandalizza i fratelli. Bisogna contrastare con tutte le forze quell'ideologia diffusa che liquida ogni regola e abitudine sacra come 'immatura' o 'non autentica', quasi che ogni espressione del nostro vivere debba essere sempre al livello di una coscienza riflessa e che ogni atto umano debba essere costretto ad una stressante creatività nella ricerca di una fantasia sbrigliata fino al logorio di ogni ragionevole misura e buon senso.

[Domande del lettore in Rivista *Liturgia culmen et fons* 2020 / n. 4°]

LA CRISI DEI NOVISSIMI
E LA CRISI DELLA LITURGIA

Gli stimoli pastorali che riceviamo a raffica nelle nostre parrocchie hanno ormai un carattere sociale, quasi che la santificazione dell'anima non abbia più consistenza, ma si risolva nel servizio umanitario. Questo orizzonte materiale pervade con notevole insistenza anche la liturgia, nella quale Dio, l'adorazione, il silenzio e la solennità scompaiono in luogo di un'attenzione esclusiva alla cronaca quotidiana. Come ricuperare questa dimensione interiore così rara nelle nostre celebrazioni?

La sacra liturgia è la celebrazione nel tempo di un evento soprannaturale che va oltre il visibile e comunica con l'eternità. Il fedele si reca alla liturgia per incontrarsi con Dio e ricevere da lui risposte trascendenti, non solo in ordine alla vita presente, ma soprattutto riguardo alla salvezza eterna. Il Canone romano infatti ci ricorda con molteplici locuzioni il motivo per il quale si celebra la liturgia e in particolare si offre il Sacrificio divino: *per ottenere a sé e ai loro cari redenzione, sicurezza di vita e salute; disponi nella tua pace i nostri giorni, salvaci dalla dannazione eterna, e accoglici nel gregge degli eletti; scenda la pienezza di ogni grazia e benedizione del cielo; dona a tutti quelli che riposano in Cristo, la beatitudine, la luce e la pace; concedi, o Signore, di aver parte nella comunità dei tuoi santi e martiri; ammettici a godere della loro sorte beata non per i nostri meriti, ma per la ricchezza del tuo perdono.* Come si può osservare si tratta di motivazioni totalmente pervase dalla dimensione dell'eternità e anche quelle richieste che si riferiscono ai beni temporali, trovano la loro sorgente, la sicurezza e la garanzia nei misteri soprannaturali, che sono resi disponibili nella liturgia. Se si toglie dai sacri riti la trascendenza e la comunione con i misteri eterni, la liturgia si riduce ad un fragile rito di consolazione e ad un'effimera esperienza immanente di una vita assurda, perché priva del respiro dell'immortalità e dell'ossigeno rigenerante della grazia divina. Il cristiano accede alla liturgia per trovare una risposta alla morte e per meritare la vita eterna; per disporsi ad un giudizio favorevole mediante una pronta conversione sostenuta dalla grazia; per essere preservato dalla dannazione eterna e per aver parte alla gloria del paradiso. Certamente questa attenzione ai *novissimi* non distoglie assolutamente dalle responsabilità temporali, ma le purifica e le rafforza con la luce della fede e la virtù della grazia, in modo che, nel mentre le relativizza, togliendo loro quell'assolutezza che le riveste in una visione materialista, le orienta a servizio di quella regalità che compete soltanto a Dio e al suo Cristo.

È evidente che, qualora i fedeli vedessero ridotta la liturgia e la predicazione alla sola dimensione visibile della vita di quaggiù con i suoi molteplici problemi e necessità, quasi che non restasse altro orizzonte che le grigie contingenze del momento e gli assilli materiali del quotidiano, verrebbero privati della motivazione essenziale per la quale essi cercano Dio e domandano risposte metafisiche ben più profonde ed urgenti per l'assetato ed inquieto cuore umano.

Ed ecco che la vasta e capillare riduzione sociologica, psicologica, sentimentale e politica della liturgia cristiana non può che provocare una desertificazione delle chiese e un'assenza sempre più estesa del popolo cristiano dalla santificazione della domenica e delle feste. I fedeli non trovano più le risposte che cercano e che continuano a chiedere per quel *sensus fidei* che non hanno perduto.

Non resta altra risposta che un convinto, responsabile e determinato ritorno al *sacro*, riportando la liturgia dentro gli argini che le sono propri e consentendole di operare con efficacia soprannaturale la sua missione salvifica, che è l'unica in grado di edificare anche l'autentica promozione umana della persona, della società e della cultura. Solo a queste condizioni la liturgia cattolica potrà esplicare il suo carattere sacramentale che stupisce, attrae e converte, secondo le note esperienze di molti grandi uomini convertiti proprio nell'impatto ineffabile con l'autentica liturgia della Chiesa.

LA CRISI DEI *NOVISSIMI* E LE ESEQUIE CRISTIANE

Siamo turbati da una disumana liquidazione delle esequie fatta con una furtiva benedizione al cimitero a motivo dell'emergenza in corso[16]. A ben riflettere, però, già da anni il modo di celebrare i funerali è compromesso da comportamenti dubbi e fastidiosi, che poco avevano di sacralità e di fede. Discorsi impropri, atteggiamenti mondani, dove la preghiera per il defunto sembra oscurata da un fatuo elogio e da un'attenzione esclusiva ai sentimenti dei congiunti e ai risvolti sociali dell'evento luttuoso. Sembrano banditi i temi del peccato, del purgatorio, del suffragio e dell'eternità. Tutto sembra risolversi nella memoria del passato. Forse il Signore ci chiede una revisione del modo di celebrare le esequie?

L'oscuramento dei *novissimi* si manifesta in modo del tutto evidente nel modo riduttivo della celebrazione delle esequie. Già il *novus ordo exequiarum* tende nel dovuto equilibrio ad assecondare aspetti umanitari e sensibilità naturali, che, tuttavia, nella prassi celebrativa, hanno portato ad un eccesso tale da impostare prevalentemente le esequie sul versante naturalistico e mondano, uniformando il rito liturgico alle modalità comuni di una società secolarizzata. Molti sono i sintomi di questa deriva, fortemente compromessa ormai col costume funerario corrente.

Si notino alcune evidenze generali:

– la drammaticità della morte come segno e conseguenza del peccato viene diluita in un fatto naturale col quale in qualche modo riconciliarsi: l'esuberanza floreale contrasta con l'austerità penitenziale stabilita dalla liturgia esequiale cristiana e l'applauso triste sostituisce la nobile sobrietà del sereno augurio *In paradisum*;

– l'eliminazione del color nero, sostituito dal viola, già induce in quel crescente processo di buonismo, che non prevede la serietà del giudizio particolare e la prospettiva di una sorte eterna non per tutti di beatitudine: l'uso abusivo del color bianco e l'omelia impostata sempre sul registro del-

---

[16] Emergenza pandemica 2020

l'elogio del defunto, senza alcun riferimento al dogma del purgatorio e alla necessità del suffragio, deviano i fedeli verso un facile irenismo riguardo alle realtà ultraterrene e omettono ogni accenno alla gravità del peccato;

– l'irruzione, ormai del tutto libera e senza alcun discernimento teologico e liturgico, dei canti impiegati nelle esequie ed eseguiti da complessi avventizi o anche da cori impreparati, ha banalizzato, con la musica d'uso e con i sentimenti più superficiali, l'arte, la bellezza, la solennità e l'alto profilo spirituale delle esequie cristiane classiche: è immediato intuire come in un tale contesto celebrativo i *novissimi* trovino un gran disagio, non solo ad essere proposti e spiegati, ma ancor più ad essere espressi col linguaggio del simbolo, col genio della musica sacra e l'eloquenza del rito liturgico.

Occorre purtroppo riconoscere che la liturgia esequiale romana nella sua grande forma è *de facto* scomparsa dalla vita ecclesiale in nome di una presunta 'pastorale', che ha creduto di beneficare i fedeli assecondando la mentalità e i costumi di una società ormai lontana dai fondamenti stessi del dogma della fede.

Il ritorno alla forma autentica delle esequie cristiane esige l'abbandono della creatività soggettiva, prona alla mercé dei sentimenti più immediati e delle mode effimere di un costume profano, e l'assunzione coerente e coraggiosa della forma oggettiva delle preci, dei canti e dei riti stabiliti nei libri liturgici. L'avversione ideologica alla tradizione in nome di un assillo 'pastorale' in perenne fluttuazione non può che portare sempre più lontano, sia dallo spirito vero della liturgia, sia dai contenuti perenni della fede intrinsecamente correlati al rito

LA CRISI DEI *NOVISSIMI*
E L'URGENZA DEI SACRAMENTI

Il perdurante stato di calamità ha portato a valutare eccessivamente l'aspetto sanitario della vita corporale al punto che il ricorso ai Sacramenti per la salvezza dell'anima è stato interdetto quasi pacificamente e molti son passati all'altro mondo senza il conforto della preghiera e l'ausilio dei Sacramenti. Ciò è stato possibile perché già da troppo tempo la frequenza regolare ai Sacramenti veniva ritenuta facoltativa e non necessaria. Infatti il cristiano non praticante è diventato un costume diffuso e accettato. Si dovrà correggere questa mentalità e ritornare al dovuto rigore?

Se i *novissimi* non sono messi a fuoco nell'educazione cristiana fin dalla più tenera età, non si percepirà più in modo sufficiente ed equilibrato la necessità dei Sacramenti e della edificazione spirituale dei credenti. Se la morte corporale non è adeguatamente evangelizzata e il rapporto con essa irrorato dalla grazia divina, ottenuta continuamente con l'orazione, si cresce col terrore della morte, la si rimuove dal pensiero e la si evita nel suo quotidiano apparire nel consorzio sociale. Senza la fede una sorda e insopprimibile ansia esistenziale spinge verso soluzioni disperate e ritmi di vita rumorosi e alienanti. La medesima sorte subisce l'idea del giudizio di Dio e l'eventualità di una condanna eterna, che tenderanno ad essere rimossi e negati, perché insopportabili senza il conforto dell'amore e della misericordia di Dio, che sempre veglia sulle sue creature. Dal momento che l'intuizione di una vita ultraterrena, di un rendiconto finale personale e di una diversa sorte eterna è insito, almeno come percezione vaga ma sufficientemente insistente, in ogni essere umano intelligente e sgombro da gravi pregiudizi, occorre che tale problematica non venga rimossa con notevoli danni all'equilibrio della persona, ma risolta nella luce della verità che la Chiesa cattolica offre a tutti gli uomini di buona volontà.

Se invece il credente è ben preparato e sa che si muore una sola volta, dopo di che viene il giudizio inappellabile di Dio e l'assegnazione di una diversa sorte eterna secondo i meriti acquistati nella vita terrena col sostegno della grazia, allora avrà vivo il valore e la necessità dei mezzi soprannaturali che Dio ci ha dato per conseguire la *visio beata*: i Sacramenti.

Si nota infatti che, lì dove è venuta meno la professione della fede e non si fissano bene quelle ultime realtà che incombono su ogni uomo, si sarà distratti dalle molteplici incombenze della vita terrena e si potrà giungere impreparati alla soglia dell'eternità nell'ora che non ci si aspetta.

Se il cristiano tiene vigile la sua coscienza di fede sui *novissimi,* saprà ricorrere con diligenza e frequenza ai Sacramenti e li chiederà nel momento più opportuno, dedicando tempo ed energie per la salvezza della sua anima.

La vasta apostasia delle masse dalla fede cattolica, che implica tra le maggiori verità la lucidità sui quattro *novissimi,* porta ad una conseguente fuga dai Sacramenti, ritenuti non necessari per la lotta contro il peccato, il recupero della grazia e per la crescita nelle virtù teologali della fede, speranza e carità. Questo è il motivo per il quale i Sacramenti sono ridotti eventualmente a fatti di costume religioso, compatibili con una vita morale difforme dai Comandamenti divini e non richiesti con determinazione in tempi di calamità o in situazioni di difficoltà e neppure nei momenti estremi che preludono alla morte. Senza il vigore dei *novissimi,* intesi nell'oggettività e serietà del loro contenuto soprannaturale, il cristiano, languido nella fede, non sarà in grado di ricorrere ai Sacramenti, perché irretito da una visione buonista su Dio e sulla sua giustizia o infatuato da perplessità riguardo alla condanna eterna, sostituita comunque da una vaga ed universale beatitudine accordata a tutti senza merito.

Ed ecco il vasto fenomeno dei cristiani non praticanti, dei cattolici liberi pensatori e sciolti dalla regola morale evangelica e soprattutto dei tantissimi battezzati che ormai escono da questa vita senza il ricorso rigoroso e neppur desiderato ai santi Sacramenti istituii dal Signore come viatico per l'eternità.

La conclusione è chiara: senza i *novissimi* la vita di fede diventa accademia e i sacramenti convenevoli di costume religioso. I *novissimi* fanno la differenza tra fede autentica e folclore religioso.

LA CRISI DEI *NOVISSIMI*: LA GRAVITÀ DEL PECCATO E LA TENSIONE ALLA SANTITÀ

Dalla lettura della vita dei Santi emerge chiaramente l'orrore per il peccato e l'assillo per una sempre maggiore santità. Nel clima oggi imperante invece il peccato è ridotto a fragilità senza responsabilità morale e ciò che ancor più preoccupa è riconosciuto come un diritto e una forma legittima di realizzazione della persona. Su questa base la santità cristiana non ha più identità e ogni sforzo verso di essa è debilitato da una giudizio falso e da un costume depravato. Si tratterà di ripartire daccapo: o Cristo o il mondo.

L'avversione alla morte con le sue dolorose attinenze attesta la terribile realtà del peccato, morte dell'anima, di cui la morte del corpo ne è segno e triste eredità degli uomini in quanto peccatori. Una sana e coerente logica ci fa cogliere con sicurezza il legame tra la causa e l'effetto: tutti gli uomini muoiono perché tutti in Adamo hanno peccato. La sacra Scrittura perlopiù ci ammonisce che, se siamo stati rigenerati in Cristo alla vita della grazia e quindi liberati dal peccato e destinati alla gloriosa risurrezione, resta tuttavia la concupiscenza che può indurre di nuovo in quella seconda e definitiva morte che è l'eterna condanna. Il cristiano perciò dev'essere vigilante e lottare per restare nello stato di grazia santificante e aver parte alla beatitudine eterna nei cieli. Si capisce allora perché la meditazione sulla morte, il primo dei *novissimi*, induca il credente ad essere avverso al peccato, causa della morte temporale e soprattutto della possibile morte eterna dell'anima. I Santi ci sono maestri e quello che il mondo condanna in essi, perché austeri e penitenti, diventa per gli eletti motivo di ammirazione e di sollecita imitazione.

Il giudizio particolare, subito dopo la morte, fonda la serietà della vita morale del cristiano che davanti alla somma giustizia divina non può ingannare o presumere superficialmente di ridurne i rigori come invece avviene nel regime iniquo della 'giustizia' umana. Il tono forte e grandioso della sequenza liturgica *Dies irae* trasmette i giusti sentimenti che la fede deve ispirare in un cristiano ben formato nella parola di Dio. Senza la certezza di un giusto e inappellabile giudizio divino crolla la base di ogni moralità e si apre la strada ad ogni genere di sopruso.

La possibilità dell'inferno eterno, quale esito di una vita fino all'ultimo indurita nel male, è monito salutare per «gli uomini di buona volontà», che con tutte le forze ricorrono con assiduità ai mezzi della grazia per scongiurare una tale terribile sorte.

Infine la gloria indicibile dell'eterna beatitudine del paradiso solleva l'animo ad una serena speranza e ad una confidente fiducia in Dio, che ama i suoi figli con un amore divino ed inesprimibile e rende gioioso ogni combattimento e prova, che intessono le vicende terrene nel pellegrinaggio verso il cielo.

Ed ecco che i *novissimi* ci convincono sulla estrema gravità del peccato come quella somma disgrazia che può insidiare la nostra vita, ne alimentano l'avversione e ne sostengono un diuturno combattimento contro la carne, il mondo e il diavolo. Il peccato, infatti, produce la morte eterna, espone ad un giudizio sfavorevole ed apre le porte del fuoco eterno. Ma, soprattutto, nel cristiano abitato dalla grazia, il pensiero del paradiso riempie tutte le facoltà interiori di un respiro rigenerante e di un'attesa colma di stupore e di pace, che distoglie lo sguardo dalle cose effimere del mondo e fa pregustare le gioie celesti. In realtà, in coloro che sono adombrati dalla luce della fede e dal calore dalla grazia santificante, ossia amano con la virtù teologale della carità divina, scompare ogni timore e cresce sempre più il fervore e l'anelito alla gloria, di cui i Santi e i mistici sono i meravigliosi testimoni.

I *novissimi* inoltre sono stimolo necessario non solo per ottenere la salvezza, ma anche per conseguire la santità. Dal momento che la misura della gloria riservata nei cieli è relativa all'intensità del merito raggiunto sulla terra, i *novissimi* sono stimolo nella lotta per ottenere dal Signore il più alto grado di santità, che sarà eredità imperitura. Se i *novissimi* fossero soltanto nominali e rivestissero un mero carattere esortativo, senza reali conseguenze in ordine alla sorte eterna e alla diversa misura di gloria, nessuno si impegnerebbe nella crescita in quel grado di santità che Dio ha stabilito per ciascuno dei suoi figli. Se tutti dovessero ricevere l'identica mercede e il giusto e l'iniquo fossero infine assicurati da una misericordia senza giustizia dove il merito finisce per non aver alcuna rilevanza, nessuno sarebbe motivato ad un combattimento diuturno dal momento che il cammino della santità implica sempre la via della Croce.

www.ingramcontent.com/pod-product-compliance
Lightning Source LLC
Chambersburg PA
CBHW050611160726
48003CB00003B/1145